DIE KELTEN

David Bellingham

DIE KELTEN

KULTUR UND MYTHEN

evergreen

EVERGREEN is an imprint
of TASCHEN GmbH

Hohenzollernring 53
D–50672 Köln
www.taschen.com

Originaltitel:
An Introduction to Celtic Mythology

This book is produced by
Quantum Publishing Ltd
6 Blundell Street
London N7 9BH

Übersetzung aus dem Englischen:
Martin Rometsch, Mengen

Produktion der deutschsprachigen Ausgabe:
Nazire Ergün, Köln

ISBN 978–3–8365–0266–5

Printed in Singapore by
Star Standard Industries Pte Ltd

Inhalt

Einführung

Traurig, sich zu erinnern, krank vor Tränen, | An die flinken, zahllosen Speere, | Die Reiter mit langem, wehendem Haar | Und Schalen mit Gerste, Honig und Wein, | Die fröhlichen Paare beim Klang der Musik | Und den weißen Leib, der neben mir lag. | Worte sind leichter als Luft; doch die Sage | Muss lange leben wie der wandernde Mond.

(Aus *Oisín* von William Yeats, 1889)

Diese Zeilen von William Yeats liefern einen poetischen Abriss über das Leben aristokratischer Kelten bei der Jagd und im Krieg und über ihre Nächte beim Feiern, Tanzen und Liebesspiel. Die keltischen Dichter, Barden genannt, trugen die Mythen und Sagen der keltischen Gesellschaft auf ihren Festen vor. Dabei beriefen sich die Barden auf ihr Gedächtnis und mündliche Überlieferung und nutzten keine schriftlichen Aufzeichnungen.

Wovon handelten diese frühen Gedichte, und welche Form hatten sie? Der römische Autor Ammianus Marcellinus schrieb im 4. Jahrhundert n. Chr., die gallischen Kelten seien nunmehr „zivilisiert" – er meinte damit „romanisiert" –, hätten aber ihre Druidenreligion und die musikalischen Traditionen beibehalten: „Die Barden feierten die tapferen Taten berühmter Helden in epischen Versen, begleitet vom lieblichen Klang der Leier." Andere Quellen und die späteren schriftlichen Versionen der Mythen bestätigen dieses Zitat, obwohl die Begriffe „episch" und „Leier" eher auf die griechisch-römische Entsprechung der keltischen Begriffe hindeuten. Die ursprüngliche Musik und ein großer Teil der Epen gingen verloren, als spätere christliche Autoren die Mythen aufzeichneten. Einige Geschichten, vor allem über die Heldentaten legendärer keltischer Krieger, blieben jedoch erhalten und repräsentieren die Literatur, die wir heute keltische Mythologie nennen.

Oben: „Das weiße Pferd von Uffington" in Oxfordshire, England (Scharrbild auf Kreidekalkboden, 1. Jahrhundert v. Chr.–1. Jahrhundert n. Chr.?). Wann dieses Kunstwerk geschaffen wurde, steht nicht fest. Es gilt als eines der größten der Welt. Die knappe Ausführung und die Nähe zu einer Festung aus der Eisenzeit lassen vermuten, dass die Dobunni-Kelten mit dieser 111 m langen Figur ihr Territorium abgrenzen wollten. Sie könnte die gallische Pferdegöttin Epona darstellen, die Schutzgöttin der Dobunni. Man muss das Pferd „striegeln", um es von Gras frei zu halten. Diese Arbeit, verbunden mit einem großen Fest, übernahmen Bewohner der Gegend bis ins 20. Jahrhundert.

Links: Gallischer Stein mit keltischer Inschrift (Vieux-Poitiers, Frankreich; etwa 1. Jahrhundert n. Chr.). Die alte keltische Sprache ist als Literatur nicht erhalten. Unser Wissen darüber stammt von Orts- und Stammesnamen sowie von Königsnamen auf Münzen und Inschriften, die in Altäre und heilige Steine gemeißelt wurden. Die Buchstaben wurden hauptsächlich dem damaligen Latein entlehnt. In Südgallien benutzte man bisweilen griechische Buchstaben.

Die Mythologie kann uns viel über eine Gesellschaft sagen, ob antik oder modern. Um die keltische Mythologie zu verstehen, sollten wir zunächst unsere modernen Mythen über die Kelten aufgeben. Wie Yeats' frühe Gedichte zeigen, waren im späten 18. und im 19. Jahrhundert römische Texte die Hauptquellen für keltische Mythen: Sie ermöglichten eine nostalgische Flucht vor dem Industriezeitalter in eine Ära, die von der Natur und der Magie beherrscht wurde und in der tapfere Krieger und hellhäutige Jungfrauen lebten. Die Dichter und Maler entdeckten ihre keltische Vergangenheit neu: Irland schätzte die vorchristlichen Sagen wie die von Cúchulainn und der Fianna; Wales hatte das Heldenepos von Pryderi im *Mabinogion*; der schottische Dichter James Macpherson (1736–1796) schuf die Ossian-Gesänge und behauptete, er habe Werke eines gälischen Dichters namens Ossian aus dem 3. Jahrhundert übersetzt; England ließ die Sagen um König Artus wieder aufleben, etwa in Tennysons Gedicht *Königs-Idyllen*. Die Romantik verklärte die Mythen auf ihre Weise und bewahrte oft jene christlich-mittelalterlichen Elemente, die den frühen schriftlichen Versionen beigefügt worden waren.

Die romantische Vorstellung von Feen und Druiden beeinflusst unser Verständnis der Kelten immer noch. Auch wir sehnen uns nach Traumwelten, und das Wort „keltisch" beschwört mysteriöse, mondbeschienene Landschaften herauf, in denen Druiden in weißen Umhängen seltsame Rituale zelebrieren und Zaubertränke brauen. Die keltische Kunst ist heute noch modern, vor allem der Schmuck: Er hat einen abstrakten Charme und impliziert eine unbekannte Vergangenheit. Einen ähnlichen Zauber übt die keltische Literatur aus: Der Erzähler entführt die Zuhörer aus einer Welt scheinbar realer Menschen und Orte in das fantastische Land der Feen und Ungeheuer – so geschickt, dass man den Übergang gar nicht bemerkt.

Links: Irischer Kreuzsockel mit Ogam- und Runenzeichen (Kirche in Killaloe, Irland; um 1000 n. Chr.). Die frühesten irischen Texte wurden in der Ogam-Schrift verfasst und stammen etwa aus dem 4. Jahrhundert n. Chr. Lineare Buchstaben wurden quer über eine zentrale Linie in Holz oder Stein geritzt und unterschieden sich durch Zahl und Länge der Linien. Jeder Buchstabe war nach einem Baum oder einer Pflanze benannt. D war beispielsweise *daur* (Eiche). Die Skandinavier schrieben die teutonische (frühgermanische) Sprache mit Runen. Die Ogam-Zeichen (rechts) bedeuten: „Gesegnet sei Thorgrimr", die Runen (links): „Thorgrimr meißelte dieses Kreuz".

Damit stellt sich die Frage, ob die Kelten ihre Religion ebenfalls als Mysterium betrachtet haben und mit ihren Gedichten der realen Welt entfliehen wollten. Die Antwort ist nicht einfach, denn die Kelten haben ihre Geschichte nicht selbst geschrieben. Darum müssen wir uns über ihre Sitten und Bräuche von den Griechen und Römern berichten lassen, obwohl die Kelten diesen Zeitgenossen ebenso rätselhaft waren wie uns und als unzivilisierte Barbaren galten. Archäologen haben einige der Behauptungen klassischer Autoren über drastische keltische Bräuche bestätigt: Die Kelten haben offenbar Menschen geopfert, überdies waren sie Kopfjäger. Der Archäologie ist es gelungen, unser Wissen über das Leben, die Religion und die Begräbnisriten der Kelten zu erweitern.

Die Kelten in der Geschichte

Zum ersten Mal wurden die Kelten um 500 v. Chr. in griechischen Texten erwähnt. Damals hatten sie offenbar bereits ein großes Gebiet besiedelt, von der Donau in Osteuropa bis nach Frankreich und Spanien. Archäologische Datierungen keltischer Funde bestätigen nicht nur diese Urkunden, sondern unterrichten zudem über die Vorgeschichte. Eine erkennbar „protokeltische" Kultur bestand um 1000 v. Chr. am Oberlauf der Donau. Manche Archäologen glauben jedoch an eine umfangreiche und allmähliche „Keltisierung" von Kulturen, die in der Bronzezeit bereits in Nord- und Westeuropa existierten. Das „keltische" Britannien müsste man also auf 1500 v. Chr. datieren. Damals wies die Wessex-Kultur gesellschaftliche Merkmale auf, die mit den frühen irisch-keltischen Mythen übereinstimmen.

Bald schürften die osteuropäischen „Hallstatt-Kelten" Eisen für Werkzeuge und Waffen und weiteten ihr Territorium aus, zuerst quer über Europa bis nach Frankreich und zur Iberischen Halbinsel, wie die frühen griechischen Historiker bestätigen. Dann drangen die gallischen Stämme ins etruskische und römische Italien vor, und nachdem sie 387 v. Chr. fast Rom erobert hätten, ließen sie sich in der Poebene nieder. Die keltische Kultur dieser Zeit ist als „La Tène" bekannt. So heißt ein Fundort in der Schweiz mit den typischen Merkmalen der keltischen Gesellschaft des 5. Jahrhunderts v. Chr. Viele Archäologen sehen in La Tène die erste echt keltische Kultur, auch von klassischen Historikern wird sie fortan als keltisch betrachtet. Ihre militärische Präsenz in Norditalien im 5. und 4. Jahrhundert v. Chr. ist durch römische Berichte über die gallische Belagerung Roms belegt. Der Fall der Stadt wurde angeblich durch das Schnattern heiliger Gänse verhindert. Einige etruskische Reliefskulpturen auf Friedhöfen stellen Kämpfe gegen keltische Krieger dar. Auch nach Südosteuropa, ins Baltikum und in die Westtürkei breiteten sich die Kelten aus. Im 4. Jahrhundert v. Chr. empfing Alexander der Große an seinem makedonischen Hof keltische Abgesandte, und 279 v. Chr. versuchten keltische Stämme, das griechische Heiligtum von Delphi zu plündern, was ihnen jedoch misslang, weil der Gott Apollon ein Wunder bewirkte und Schnee fallen ließ.

Die Griechen unterschieden orientalische Kelten, die sie *Galatoi* (Galater, usrpünglich aus Gallien stammend) nannten, und westeuropäische Kelten, die *Keltoi* hießen. Die Römer bezeichneten die französischen Kelten als *Galli* (Gallier) und die britischen Kelten als *Belgae* (sie stammten aus dem heutigen Belgien) und *Britanni* (Briten). Nach Caesars Eroberungen im 1. Jahrhundert v. Chr. wurde das keltische Gallien zur römischen Provinz *Gallia*, und aus Britannien wurde 43 n. Chr. unter Kaiser Claudius das römische *Britannia*. Irland war nie von den Römern besetzt, darum blieb die vorgeschichtliche keltische Kultur in seinen Mythen besser erhalten.

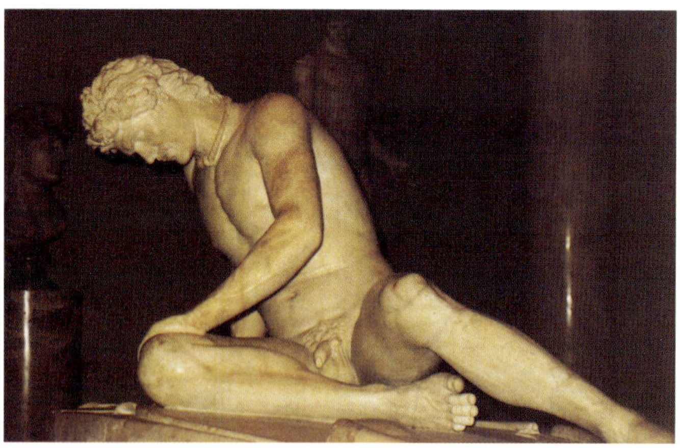

Oben: „Der Sterbende Gallier" (römische Marmornachbildung eines hellenistischen Bronzeoriginals aus dem 2. Jahrhundert v. Chr.). Die griechischen Herrscher von Pergamon (Türkei) errichteten zum Gedenken an ihren Sieg über die Galater eine idealisierte Darstellung des unterjochten Feindes. Später kopierten die Römer die Figur in Marmor, wahrscheinlich um ihre Siege in Gallien und Britannien zu feiern. Der heldenhafte Stammesführer ist an dem keltischen Torques (Halsring), dem Schnurrbart und dem widerspenstigen, getünchten Haar erkennbar.

Rechts: Widmung für Mars Mullo (Allones, Frankreich; spätes 1. Jahrhundert n. Chr.). Nachdem die Römer Gallien und Britannien erobert hatten, wurden die keltischen Götter weiter verehrt und oft mit denen der Römer identifiziert. Diese lateinische Inschrift lautet: „Für Augustus und Mars Mullo. Crescens, der Beamte, hat sein Gelübde bereitwillig und verdientermaßen erfüllt." Mars Mullo war ein römisch-keltischer Maultiergott, der mit dem römischen Kriegsgott Mars verschmolz. In Allones wurde er als Heiler von Augenkrankheiten verehrt. In eroberten Gebieten galt Mars oft als friedlicher Heiler.

Caesar und andere Autoren des 1. Jahrhunderts v. Chr. und n. Chr. schildern die Bräuche und die Kultur der Kelten sehr plastisch. Am auffallendsten ist, dass die Kelten in aristokratische Stämme zerfielen, regiert von Häuptlingen, die einander offenbar ständig bekämpften. Dabei ist aber nicht zu vergessen, dass die Römer solche Stammesfehden wahrscheinlich selbst anfachten, um ihre Invasionen zu erleichtern.

Die alte keltische Gesellschaft

Caesar liefert uns eine einigermaßen objektive Beschreibung keltischer Bräuche und Kleidung im 1. Jahrhundert v. Chr. Danach lebten die Kelten in *oppida* (Gemeinden), von denen einige mit den rund 3000 eisenzeitlichen Burgen in Südbritannien identisch sind. Ähnliche *oppida* gibt es in Kontinentaleuropa und Galatien. Archäologische Funde haben die Rekonstruktion von Häusern ermöglicht, etwa in Butser Hill, Hampshire, England. Die meist runden Häuser hatten Holzwände und Strohdächer. Die Festsäle in den Mythen scheinen rechteckig zu sein, doch könnten solche Schilderungen auch eine mittelalterliche Abwandlung der ursprünglichen Beschreibungen sein.

Die Kelten waren hauptsächlich eine Kriegergesellschaft, regiert von Königen, Königinnen und Adligen. Von den unteren Schichten berichten die Mythen nichts. Die Kelten bauten Getreide an und züchteten Rinder. Den Gebrauch von Münzen lernten sie von den Griechen und Römern. Religiöse Rituale spielten bei der Bewahrung der sozialen Hierarchie von Aristokraten und Stämmen eine wichtige Rolle. Die Mythen bekräftigten oft die heilige Macht der druidischen Priester, und die Barden genossen offenbar das gleiche Ansehen. Sowohl die Mythen als auch die historischen Aufzeichnungen berichten davon, mit welchem Stolz die Kelten sich für den Krieg rüsteten: „Die Briten färben sich mit blauem Waid, um in der Schlacht furchterregender auszusehen. Sie tragen das Haar lang, und ihr Körper ist rasiert, abgesehen von Kopf und Oberlippe." (Caesar, *Der Gallische Krieg V*) Herodian schrieb im 3. Jahrhundert n. Chr.: „Da sie nicht an Kleider gewöhnt sind, tragen sie eisernen Schmuck an der Hüfte und am Hals, den sie für eine Zierde und ein Zeichen von Reichtum halten ... Sie tätowieren den Körper mit abstrakten Mustern und allerlei Tieren." Diodor von Sizilien, ein Zeitgenosse

Unten: Etrusker kämpfen gegen Gallier (etruskische Alabastergraburne aus Pieve, Italien; 4. Jahrhundert v. Chr.). Die Krieger sind im idealisierten klassisch-griechischen Stil dargestellt; die Griechen unterscheiden sich von den Kelten durch ihre Pferde und ihre Helme. Die etruskische Sprache ist wie das alte Keltische nur auf kurzen Inschriften erhalten, so wie oben über der Szene.

Links: Römische Bronzefigur eines gallischen Gefangenen (wahrscheinlich aus Umbrien, Italien; etwa 1. Jahrhundert n. Chr.). Der Mann trägt die Hose, die umgürtete Tunika und den Umhang eines keltischen Adligen – eine praktische Kleidung zum Reiten. Irische adlige Frauen und Männer trugen offenbar lange Hemdblusen aus Leinen, die an der Taille gerafft waren, und dekorative Gürtel. Auch Wollmäntel waren üblich. Die recht üppigen Farben und gestickten Verzierungen auf dem Hemd und dem Umhang spiegeln den sozialen Rang wider. Gold- und Silberbroschen, Torques und anderer Keltenschmuck wurden ebenfalls vom Hochadel getragen.

Links: Kopf der „gorgonischen Medusa“ (Giebel des Tempels der Sulis Minerva in Bath, England; 1. Jahrhundert n. Chr.). Griechen und Römer benutzten dieses griechische Ungeheuer mit den Schlangenlocken oft als apotropäische Figur, um „den bösen Blick abzuwehren“. Hier ist „sie“ ein „Er“ mit Schnurrbart und starrem Blick im keltischen Stil. Minerva trug Medusas Kopf auf ihrem Brustpanzer, um ihre Feinde zu versteinern. Ihr Kult verschmolz mit dem von Sulis, der keltischen Göttin des Heilwassers von Bath. Diese Gorgone hat jedoch viele ungewöhnliche Züge, die auch auf einen keltischen Sonnengott – vielleicht Sulis' Gefährten – hindeuten könnten.

Caesars, beschreibt die Kelten als „groß und muskulös mit blasser Haut und blondem Haar, das sie künstlich betonen, indem sie es in Kalkwasser tauchen: Sie legen es von der Stirn bis in den Nacken nach hinten ... Deshalb wird das Haar so schwer und grob, dass es wie eine Pferdemähne aussieht.“ Antike Darstellungen der Kelten stimmen mit diesen literarischen Klischees überein, und Archäologen fanden auf konservierten Leichen Tätowierungen.

Über keltische Frauen hat Caesar wenig zu sagen, außer dass „zehn bis zwölf Männer sie teilten“. Auf die Römer wirkte das so barbarisch, wie es für uns klingen mag, aber es könnte durchaus auf eine matriarchalische Gesellschaft hindeuten, in der Frauen mehrere Partner haben durften. Aristokratische keltische Frauen hatten teilweise großen gesellschaftlichen Einfluss. Man denke nur an die Kriegerkönigin Boadicea, die im 1. Jahrhundert n. Chr. den Aufstand gegen die römischen Eroberer anführte. Zwar werden die keltischen Mythen immer vom männlichen Standpunkt aus erzählt, doch die weiblichen Charaktere sind selten die unterdrückten oder gesichtslosen Gestalten, wie etwa der griechischen Mythen. Das könnte auch bedeuten, dass frei geborene Frauen, anders als im antiken Athen, zum Publikum der Barden gehörten.

Die keltischen Sprachen

Die heidnischen Kelten hatten eine indoeuropäische Sprache, die sie in der Vorgeschichte mit den Griechen und Römern verbindet. Es gibt jedoch keine Aufzeichnungen der alten Sprachen außer kurzen Inschriften aus der Römerzeit und den keltischen Namen, die von antiken Autoren erwähnt werden. Als die keltischen Mythen zu Beginn des Mittelalters niedergeschrieben wurden, unterschieden sich die Sprachen je nach Herkunft des Autors. Die irischen Mythen wurden auf Altirisch verfasst, doch das damalige Walisisch hätten die Autoren nicht verstanden. Als die Römer Britannien eroberten, existierte die frühere kulturelle Einheit mit einer einzigen keltischen Sprache offenbar nicht mehr: Die Iren sprachen „gälisch“ und die Briten „brythonisch“. Das Brythonische war anscheinend mit der gallischen Sprache verwandt. Etwa im 5. Jahrhundert n. Chr. führten Invasionen und Völkerwanderungen in den westlichen keltischen Ländern zu einem Sprachwandel: Das Irisch-Gälische erreichte Schottland und wurde später zu Schottisch-Gälisch; das angelsächsische „Englisch“ breitete sich in Südbritannien aus und verdrängte das Brythonische in die Bretagne.

Das Überleben der keltischen Mythologie

Keltische Mythen blieben in zwei Haupttraditionen erhalten. Einige wurden ab dem 7. Jahrhundert n. Chr. von christlichen Autoren aufgeschrieben, andere überlebten in den mündlichen Überlieferungen der keltischen Gebiete. Die scheinbare Vorliebe der Mythen für Britannien und Irland ist darauf zurückzuführen, dass Geschichten aus anderen einst keltischen Regionen nicht erhalten sind. Allerdings finden wir in vielen europäischen Sagen keltische Motive.

Die älteste erhaltene Sammlung irischer Mythen ist ein Manuskript, das *Buch von der dunkelfarbigen Kuh* heißt und verschiedene Versionen der Sagas um Cúchulainn enthält. Der christliche Schreiber – Autor wäre der falsche Begriff – war ein gewisser Maelmuri, der, wie Historiker wissen, 1106 in der Kathedrale zu Clonmacnois von plündernden Wikingern getötet wurde. Der kuriose Titel stammt aus einem verlorenen älteren Manuskript aus dem 7. Jahrhundert n. Chr., das St. Ciaran auf eine Kuhhaut – die seiner Lieblingskuh! – geschrieben hatte.

Heute kennen wir die britische Mythologie vor allem aus dem *Mabinogion*. Diesen Titel gab Lady Charlotte Guest 1849 ihrer englischen Übersetzung einer Sammlung von elf walisischen Erzählungen, die in älteren Manuskripten überlebt hatten. Dabei handelt es sich um das *Weiße Buch von Rhydderch* (um 1300–1325) und das *Rote Buch von Hergest* (um 1375–1425). *Mabinogi* bedeutet in etwa „Jugenderzählung". Der mythische Bericht handelt von Empfängnis, Geburt und frühe Ausbildung eines keltischen Helden. Lady Guest wählte den Begriff *Mabinogion*, den sie fälschlich für einen Plural hielt und damit nahelegte, dass alle elf Erzählungen dazugehörten. In Wahrheit stammen nur die ersten vier „Zweige" aus einem originalen *mabinogi*; die anderen sieben gehören verschiedenen Genres an und gelangten nur zufällig in die ursprünglichen Manuskripte.

Keltische Sagen sind in „Sammlungen" erhalten, die interessierte Gelehrte aufschrieben, als sie Geschichtenerzählern und Sängern lauschten. Seitdem das Fernsehen selbst in die abgelegensten Gebiete der keltischen Welt vorgedrungen ist, stirbt die ursprüngliche mündliche Überlieferung leider aus. Obwohl manche Sagen einfache Geschichten sind, die Landbewohner einander erzählen, haben einige von ihnen die Mythen und Sagas des alten keltischen Adels bewahrt.

Das Wesen der keltischen Mythologie

Die Barden waren Priester, Lehrer und Unterhalter, und ihre mythischen und sagenhaften Gestalten lieferten den Kelten – Männern wie Frauen – Ideale und sorgten so für den Fortbestand der Kriegergesellschaft. Wiederkehrende Themen in keltischen Mythen informieren uns über wichtige Züge der Gesellschaft. Auffallend ist, dass viele Mythen die Schönheit und die Zurschaustellung des Körpers preisen:

Oben links: Zinnmaske aus dem Abwasserkanal eines römischen Bades (Bath, England; 1. Jahrhundert n. Chr.). Viele Objekte wurden als Opfer in das heilende Wasser der Sulis Minerva geworfen. Dieses könnte eine Maske sein, die Priester oder Priesterinnen bei ihren Ritualen vor das Gesicht gehalten hatten.

Oben rechts: Blei-Defixio (Fluchtafel) aus einem römischen Bad (Bath, England; 1.–2. Jahrhundert n. Chr.). Lateinische Flüche wurden auf Bleitafeln geschrieben, die man zusammenrollte und ins Quellwasser warf. Die Flüche bitten die Göttin Sulis, einem Feind zu schaden. Der keltischen Göttin wurden sowohl böse als auch heilende Kräfte zugeschrieben.

Wenn beispielsweise Cúchulainn in die Schlacht zieht, sind sein helles Gewand, das funkelnde Geschmeide und das wallende Haar sichtbare Symbole seines Heldentums. Heldinnen unterstreichen ihren hohen Rang, indem sie das Haar zu aufwendigen Zöpfen flechten und ihre glatte weiße Haut mit vielen Juwelen schmücken.

Die Natur blieb den Kelten unerklärlich und fremd. Darum fanden magische Veranstaltungen meist außerhalb der Festung statt, etwa auf der Jagd. Viele Geschichten handeln von sprechenden Tieren, und keltische Götter symbolisieren häufig Naturgewalten. Ein wichtiger religiöser Aspekt wird bei der Lektüre keltischer Mythen jedoch oft übersehen: Gelehrte haben nachgewiesen, dass die Mythen anderer Kulturen meist erzählerische „Erklärungen" historisch belegter Rituale sind. Deshalb liegt es nahe, dass einige dieser Geschichten ursprünglich mythische Erklärungen religiöser Mysterien waren. Möglicherweise spiegeln die Besuche in der Anderswelt einen uralten Übergangsritus zwischen Kindheit und Erwachsenenalter wider, bei dem die Kelten einige Zeit außerhalb der Gemeinschaft verbrachten. Die druidische Philosophie begünstigte den Glauben an die Unsterblichkeit, und die Mythen feiern diesen Gedanken: Auf den Grabhügeln überdauert die Liebe den Tod in der Gestalt verschlungener Bäume, und die Köpfe toter Helden besitzen übernatürliche Kräfte. Dieser Glaube tröstete die Kriegergesellschaft, deren ruhmreichste Helden im Kampf fielen.

Viele Elemente der erhaltenen Mythen spiegeln ein früheres, vorgeschichtliches „Heldenzeitalter" der keltischen Kultur wider. Darum betrachteten die Kelten zur Zeit Caesars ihre mythischen Ahnen vermutlich schon mit ebenso viel romantischer Nostalgie wie ihre Bewunderer im 19. Jahrhundert. Die Mythen umfassen auch legendäre Beschreibungen historischer Gestalten, etwa die des römischen Kaisers Magnus Maximus (4. Jahrhundert n. Chr.), der als Macsen Wledig im *Mabinogion* erscheint. Dieses Beispiel lässt darauf schließen, dass auch mythische Gestalten wie Pwyll und Branwen, obwohl historisch unbekannt, in vorgeschichtlicher Zeit existiert und Großtaten vollbracht haben könnten, sodass sie in der bardischen Dichtung und im Volksgedächtnis überdauerten.

Die mythische Welt blieb so sehr ein integraler Bestandteil der keltischen Gesellschaft, dass das Christentum die mündlich überlieferten Mythen nicht auslöschen konnte. Stattdessen wurden sie oft christianisiert oder erhielten ein christliches Ende: Aus Göttern wurde Gott, und die Druiden der alten Religion wurden von den Heiligen der neuen besiegt. Am erstaunlichsten ist, dass diese Mythen so viele Jahrhunderte lang überlebten und ein faszinierendes Fenster in die reiche und vielschichtige Vergangenheit des keltischen Westens öffnen. Sie gehören jetzt uns, und wir sollten sie lesen, spüren und von ihnen lernen, bevor wir sie an unsere Kinder weiterreichen.

Links: „Der heilige Brunnen" (William Orpen; Tempera auf Leinwand, 1916). Der irische Symbolist hat die „Bienenstockhütten" einer späten keltischen Siedlung auf der Insel Arran dargestellt. Die Bewohner werden im Wasser ihres heidnischen Brunnens christlich getauft. Orpens Künstlerfreund Sean Keating steht über dem Brunnen, offenbar nicht von der neuen Religion überzeugt. Die verlassene Kätnerhütte im Hintergrund sowie „Adam und Eva", anstößig nackt in der Mitte, unterstreichen Orpens Kritik am kulturellen Wandel keltischer Orte.

Links: Die Landkarten zeigen die Aufteilung des keltischen Britanniens und Irlands in einzelne Stammesgebiete (oben links) und die Ausbreitung der Kelten in Europa (unten links).

KAPITEL EINS

Die Saga von Cúchulainn

Die heidnische keltische Welt von Ulster (einst Ulaid) der Eisenzeit ist im Ulsterzyklus der frühen irischen Folklore anschaulich erhalten geblieben, wenn auch als mythologische Fantasie. Der junge Held der Sagen war Cúchulainn, der eine gewisse Ähnlichkeit mit dem walisischen Pryderi hat: Beiden schenkt man ein Fohlen, das zur gleichen Zeit wie sie selbst geboren wurde, und beide erhalten später einen neuen Namen. Diese Geschichten dienten der Ausbildung junger keltischer Adliger; die lebendigen, heldenhaften Charaktere galten den jugendlichen Kriegern als Vorbilder. Details der Erzählungen wie Waffen und Sportgeräte geben Aufschluss über ihre militärische und athletische Ausbildung. Die folgenden Auszüge aus der Saga von Cúchulainn sind einem Manuskript aus dem 12. Jahrhundert entnommen, das als Buch von der dunkelfarbigen Kuh bekannt ist. Es ist die älteste erhaltene schriftliche Version der Geschichten um Cúchulainn und die Helden von Ulster. Einige Züge der Sagen deuten auf einen frühen heidnischen Ursprung hin, zumal die Götter Lug und Cú Roi in menschlicher Gestalt auftauchen. Wie in der Sage vom walisischen Pwyll stellt der Erzähler seinem Publikum eine scheinbar reale alte keltische Welt voller Burgen und bekannter Ortsnamen vor. Doch die Welt der Feen ist nie fern: „Echte“ Wahrzeichen wie der Grabhügel von Newgrange – früher Bruig na Bóinne – üben ihren magischen Einfluss aus; Helden werden geboren und leisten Übermenschliches. Die Geschichte beginnt mit einer Schar wunderlicher Vögel, die wie die Kinder von Lir als Zeichen ihrer feenhaften Natur silberne Ketten tragen. Mit ihrem Erscheinen versetzt der Erzähler das Publikum in die Anderswelt.

Cúchulainns Geburt

Als Conchobar König von Ulster war, sahen seine Stammesführer auf einer Ebene in der Nähe von Emain Macha eine Vogelschar im Gras. Die Vögel fraßen das Land kahl, so weit das Auge reichte. Die Krieger waren Vogeljäger und verfolgten die Vögel in ihren Wagen, ohne sich um das Ziel der Fahrt zu kümmern. Neun Wagen rasten über die Ebene, und Dechtire lenkte den Wagen ihres Bruders Conchobar. Eine silberne Kette verband jedes Vogelpaar der Schar, deren Flug und Gesang so schön war, dass sie die Männer verzauberte.

Der Abend nahte, und da es schneite, suchten die Krieger Unterschlupf. Ein Mann hieß sie in seiner Hütte willkommen und gab ihnen zu essen und zu trinken. Fröhlich speisten die Männer bis zum Einbruch der Nacht. Dann verkündete ihr Gastgeber, seine Frau erwarte ein Kind, und er bat Dechtire um Beistand. Die Männer holten ein Paar neugeborener Fohlen aus dem Schnee und schenkten sie dem neugeborenen Knaben, den Dechtire stillte.

Als die Krieger am Morgen erwachten, fanden sie zwar den Knaben und die Fohlen vor, aber die seltsamen Vögel und das Haus waren verschwunden. Sie befanden sich östlich des Bruig. Also ritten sie zurück nach Emain Macha. Der Knabe wuchs dort mehrere Jahre lang auf, bis er plötzlich erkrankte und starb. Dechtire beweinte den Tod ihres Ziehsohnes bitterlich. Sie bat um Wasser, und man brachte ihr eine Kupferschale, doch jedes Mal, wenn sie das Gefäß an die Lippen hob, sprang ihr ein kleines Wesen ins Gesicht. Sie schaute in die Schale, sah aber nichts. Nachts träumte sie von dem Mann aus dem verschwundenen Haus. Er sagte, sein Name sei Lug, er sei der Sohn von Ethne und habe sie in das Haus gelockt. Jetzt trage sie den Samen seines Sohnes in sich. Der Knabe solle den Namen Setanta bekommen und die beiden Fohlen erhalten, die für ihn bestimmt seien.

Gegenüber: „Cúchulainn" (John Duncan, 1866–1945). Der Künstler aus Dundee schuf seine Bilder keltischer Helden aus Literatur und Folklore im mittelalterlichen Stil der Präraffaeliten. Seine Bleistiftzeichnung stellt den irischen Helden im karierten Umhang mit einer spätkeltischen Brosche dar. Der Held ist von vorne zu sehen, denn Duncan schätzte die byzantinische Kunst. Die verträumten Augen enthüllen den Einfluss von Rossetti und Burne-Jones. Duncans Widmung gilt ihm selbst und dem Helden: „Es kümmert mich nicht, wenn ich nur noch einen Tag zu leben habe, sofern mein Name und mein Ruhm ewig währen."

Als die Krieger sahen, dass Dechtire schwanger war, dachten sie an Inzest, da Bruder und Schwester Seite an Seite schliefen. Um unangenehme Fragen zu verhindern, gab Conchobar seine Schwester Sualdam mac Roich zur Frau. Dechtire war entsetzt darüber, dass sie mit ihrem Gatten schlafen sollte, während sie das Kind eines anderen trug. Eines Nachts lag sie allein im Bett und zerquetschte das Kind in ihrem Schoß. Doch bald wurde sie von Sualdam schwanger und gebar einen Sohn.

Die Heldentaten des jungen Cúchulainn (Setanta)

Mehrere Stammesführer waren von Conchobar abgefallen, nachdem er die Söhne Uisnechs getötet hatte. Diese Männer waren nach Connaught in Westirland gezogen. Fergus berichtete seinen Gastgebern Ailill und Medb, dem König und der Königin, von der Kindheit Cúchulainns:

„Er wuchs in Mag Murthemne im Süden von Ulster auf. Eines Tages erzählten Sualdam und Dechtire ihrem Sohn, in Emain Macha lebten berühmte Knaben, denen Conchobar beim Spielen zuschaue, wenn er nicht mit dem Brettspiel oder mit seinem Schlummertrunk beschäftigt sei. Cúchulainn wollte die Knaben sehen. ‚Du musst warten, bis ein Ulsterkrieger dich begleiten kann', warnte ihn seine Mutter.

‚Ich möchte jetzt gehen', sagte Cúchulainn. ‚Wie komme ich dorthin?'

‚Geh nordwärts', antwortete seine Mutter, ‚aber sei vorsichtig, denn die Straße ist sehr gefährlich.'

‚Ich gehe trotzdem', erklärte Cúchulainn und brach mit seinen Spielzeugwaffen auf, einem winzigen Speer und einem winzigen Schild. Auch einen Hockeyschläger und einen Ball nahm er mit, denn er hoffte, mit den Knaben von Emain Macha spielen zu dürfen.

In Emain schritt er geradewegs aufs Spielfeld, ohne um den Schutz der anderen Spieler zu bitten. Die Knaben waren erbost über diese Unhöflichkeit, denn die Regeln auf dem Spielfeld waren bekannt. Sie befahlen im, den Platz zu verlassen, und warfen hundertfünfzig Speere nach ihm, denn so viele waren sie an der Zahl. Jeder Speer blieb in dem winzigen Schild Cúchulainns stecken. Danach warfen sie hundertfünfzig Bälle nach ihm, und er fing jeden mit der Brust ab. Dann bewarfen sie ihn mit hundertfünfzig Hockeyschlägern, aber er fing sie alle auf.

Cúchulainn war empört; sein Haar sträubte sich und sprühte Funken vor Zorn. Er schloss ein Auge, bis es klein wie ein Nadelöhr war, und öffnete das andere bis zur Größe einer Schüssel. Sein Mund war so verzerrt, dass man ihm in den Rachen sehen konnte, und seine Zähne glitzerten von einem Ohr zum anderen. Der Mond des jungen Kriegers stand über seiner Stirn. Ich selbst spielte gerade Schach mit Conchobar, als neun der Knaben hereinrannten, verfolgt vom grimmigen Cúchulainn. Fünfzig andere lagen draußen dort, wo er sie niedergeschlagen hatte. ‚Das ist kein Sport mehr!', schrie Conchobar.

‚Sie sind unsportlich!', erwiderte Cúchulainn. ‚Ich wollte mitspielen, aber sie versuchten, mich vom Platz zu jagen.'

‚Wie heißt du?', fragte Conchobar.

‚Ich bin Setanta, der Sohn von Sualdam und deiner Schwester Dechtire.'

‚Warum hast du die anderen Spieler nicht um Schutz gebeten?', wollte Conchobar wissen.

‚Ich kenne die Regeln nicht', entgegnete Cúchulainn.

‚Nimmst du den Schutz deines Onkels an?', fragte Conchobar.

‚Ja', sagte Cúchulainn, ‚aber ich bitte dich, mir den Schutz der hundertfünfzig Knaben anzuvertrauen.' Conchobar war einverstanden, und sie gingen alle auf den Spielplatz. Die Knaben, die Cúchulainn niedergeschlagen hatte, erhoben sich beim Anblick ihres neuen Helden."

Conall, ein anderer Stammesführer, setzte den Bericht fort: „Wir kannten den Knaben, als wir in Ulster lebten, und es war eine Freude, ihn heranwachsen zu sehen. Bald nach dem Vorfall auf dem Spielplatz, von dem Fergus erzählte, erlebte Cúchulainn größere Abenteuer.

Cualan, der Hufschmied, lud Conchobar zu einem Fest ein. Nur fünfzig alte Helden und Freunde sollten den König von Ulster begleiten, denn der Schmied besaß nur den Reichtum, den seine Hände und Zangen hervorbrachten.

Oben: Siedlung Din Lligwy, Anglesey. Der Eingang (rechts) zur Rundhütte aus der späten Eisenzeit (4. Jahrhundert n. Chr.) ist dem zentralen Hof einer kleinen keltischen Siedlung zugewandt. Sie besteht aus zwei runden und sieben rechteckigen Hütten und ist von einer Kalksteinmauer umgeben. In zwei der Hütten wurde im Herd Eisen geschmolzen.

Bevor sie Emain verließen, besuchte der König das Spielfeld, um sich von den Knaben zu verabschieden. Cúchulainn spielte allein gegen hundertfünfzig Knaben und gewann. Als sie versuchten, ihre Bälle ins Tor zu schießen, wehrte Cúchulainn alle ab. Danach warf er sie alle im Ringkampf zu Boden, und alle hundertfünfzig konnten ihn nicht überwältigen. Zum Schluss zog er sie alle aus, ohne auch nur seine Brosche zu verlieren.

Conchobar wunderte sich über seinen Neffen und fragte seine Männer, ob Cúchulainn zu einem Mann heranwachsen und ähnliche Heldentaten vollbringen werde. Alle bejahten. ‚Komm mit uns zu Cualans Fest', sagte Conchobar.

‚Ich möchte erst das Spiel beenden', erwiderte Cúchulainn. ‚Dann folge ich euch.'

Auf dem Fest fragte Cualan, der Schmied, seinen königlichen Gast, ob alle da seien. ‚Ja', antwortete Conchobar, der seinen Ziehsohn vergaß, ‚wir sind bereit, zu essen und zu trinken.'

‚Nun', sagte der Schmid, ‚dann lasst uns das Tor schließen und feiern. Mein Hund wird das Vieh auf der Weide bewachen. Niemand wird ihm entkommen, denn man benötigt drei Ketten, um ihn zu bändigen, und drei Männer an jeder Kette.'

Inzwischen war der Knabe auf dem Weg zum Fest, und zu seinem Vergnügen warf er den Ball und den Schläger in die Luft. Er schleuderte seinen Speer, lief ihm nach und fing ihn auf, bevor er zu Boden fiel. Als er Cualans Hof betrat, ging der Hund auf ihn los. Conchobar und seine Männer hörten den Lärm und beobachteten vom Fenster aus, wie Cúchulainn mit bloßen Händen gegen den Hund kämpfte. Er packte ihn am Hals und am Rücken und zerschmetterte ihn an einer Säule. Man holte ihn ins Haus. ‚Ich freue mich für deine Mutter, dass du noch lebst', sagte Cualan. ‚Aber dieser Hund hat mein ganzes Anwesen beschützt, und jetzt bin ich verloren.'

‚Keine Sorge', sagte Cúchulainn. ‚Ich werde ein Hündchen mit ähnlichem Stammbaum großziehen, und bis es erwachsen ist, bewache ich dein Eigentum selbst. Ich werde dein Wachhund sein.'

‚Dann werden wir dich von nun an Cúchulainn, Hund Cualans, nennen'", erklärte Conall.

„Dies waren die Heldentaten eines sechsjährigen Knaben", sagte Conall. „Was für große Taten dürfen wir jetzt von ihm erwarten, da er siebzehn ist?"

Bricrius Fest

Bricriu „Nemhthenga" – „Giftzunge" – lud Conchobar und die Ulstermänner zu einem rauschenden Fest in ein schönes Haus ein, das er speziell für diesen Zweck gebaut hatte. Gegenüber baute er eine Hütte mit großen Glasfenstern, sodass er hinüber in das Haus sehen konnte. Er wusste, dass die Ulstermänner ihm nicht erlauben würden, mit ihnen zu essen. Vor dem Fest besuchte er Loegaire, Conall und Cúchulainn, drei der größten Helden von Ulster, und erzählte ihnen von einem Preis, den der größte Held erhalten solle: „Du wirst König von ganz Irland", sagte Bricriu zu jedem Helden, „wenn du den Preis gewinnst. Du bekommst ein Fass Wein, das für drei Krieger reicht. Du bekommst einen Eber, der sieben Jahre lang mit Milch und Korn im Frühling, Quark und Süßmilch im Sommer, Weizen und Eicheln im Herbst sowie Fleisch und Suppe im Winter gefüttert wurde. Und

Links: Kopf des römisch-keltischen Gottes Antenociticus aus dem Schrein zu Benwell bei Newcastle upon Tyne, England (etwa 3. Jahrhundert n. Chr.). Dieser lokale keltische Gott wurde in einem Tempel bei einer Festung des römischen Heeres am Hadrianswall verehrt. Der Schrein lässt darauf schließen, dass die römischen Soldaten örtliche Gottheiten übernahmen. Die ausdrucksvoll modellierten Augen und Haare sind keltisch.

Links: „Wielands Schmiede", ein langes Hügelgrab mit Kammern, Oxfordshire, England (um 3500 v. Chr.). Wieland war der nordische Gott der Schmiede. Wenn ein Reisender dort sein Pferd abstellte und eine Münze hinlegte, so erzählt eine Sage, war das Pferd bei seiner Rückkehr beschlagen und die Münze verschwunden. Die Kelten haben solche alten Monumentalgräber oft mythologisiert, da sie wie die späteren Dänen ihren ursprünglichen Zweck nicht kannten.

du bekommst eine edle Kuh, die sieben Jahre lang Heidekraut und Milch, Wiesenkräuter und Korn gefressen hat. Zudem bekommst du einhundert große Honigkuchen. Dies ist der Preis, der dir allein gebührt, denn du bist der größte der Ulstermänner. Beanspruche den Preis für dich, wenn das Fest beginnt." So führte Bricriu jeden Helden in Versuchung und kehrte dann zurück, um die letzten Vorbereitungen für das Fest zu treffen.

Die Ulstermänner kamen zur festgesetzten Zeit, und Männer wie Frauen nahmen nach ihrem Rang im großen Saal Platz. Als alle bereit waren, begannen die Musikanten zu spielen, und Bricriu verkündete: „Dort steht die Portion für den größten Helden. Möge der Beste gewinnen." Dann verließ er den Saal und ging in seine Hütte.

Wie Bricriu gehofft hatte, begannen Loegaire, Conall und Cúchulainn sofort zu streiten, und bald entbrannte ein Kampf. Conchobar trat dazwischen, und Sencha, der älteste und weiseste Ulstermann, sagte: „Während des Festes darf es keinen Kampf geben. Heute wird die Heldenportion unter euch dreien aufgeteilt, und morgen bitten wir Ailill, den König von Connaught, den Streit zu schlichten." Alle billigten diese weisen Worte, und bald sprach die ganze Gesellschaft fröhlich den Speisen und dem Wein zu.

Inzwischen schmiedete Bricriu neue Pläne. Er wollte die großen Frauen von Ulster gegeneinander aufhetzen. In diesem Augenblick verließ Fedelm, die Gattin von Loegaire, das Haus. „Du bist gewiss die Gemahlin des größten Helden von Irland", sagte Bricriu. „Wenn du die Frauen von Ulster heute Abend zurück ins Haus führst, bist du für immer die Erste in Ulster." Das gleiche Versprechen gab er Lendabair, der Frau Conalls, und Emer, der Frau Cúchulainns. Als es für die Frauen Zeit war, sich wieder zu ihren Männern im Saal zu begeben, schritten sie zunächst würdevoll auf das Haus zu. Doch als es in Sichtweite war, gingen sie immer schneller, und schließlich rafften sie die Kleider hoch und rannten. Die Ulstermänner hörten den Aufruhr und glaubten, jemand greife sie an. Also versperrten sie die Türen zum Saal. Die Frauen hämmerten von draußen dagegen, denn jede wollte die Erste in Ulster sein. Cúchulainn nutzte seine große Kraft, um eine Wand des Hauses hochzuheben, sodass Emer darunter hindurchschlüpfen und den Preis für sich beanspruchen konnte.

Das Fest ging weiter. Doch bald stritten sich die drei Helden und ihre Frauen erneut um den Preis. Man beschloss, dass die drei in ihren Wagen entweder zu Cú Roi, dem König von Munster und Sohn von Daire, oder zu Ailill und Medb, dem König und der Königin von Connaught reisen sollten, um den Streit zu schlichten. Sie rasten westwärts über die Berge und Ebenen nach Connaught und Munster, und die Erde bebte unter ihnen.

Medb hörte den Lärm in der Zitadelle zu Cruachan und bat ihre Tochter Finnabair, auf den Turm am Tor der Festung zu steigen und nachzusehen, wer mit solchem Ungestüm komme. „Im ersten Wagen sehe ich einen Mann mit langem Haar. Es ist zu Zöpfen geflochten und wechselt die Farbe von der Wurzel bis zur Spitze von Braun zu Blutrot und Goldgelb."

„Das ist gewiss Loegaire", sagte Medb. „Er wird alle in Cruachan erschlagen."

„Im nächsten Wagen steht ein Mann mit dem lieblichsten Haar. Es ist geflochten wie die Mähne eines Pferdes, und sein Gesicht glänzt in roten und weißen Farbtönen. Er trägt einen blauen und purpurroten Mantel und hält einen Schild mit Bronzerand und gelbem Buckel. In der anderen Hand hält er einen feuerroten Speer, und die Vögel umschwirren ihn."

„Das muss Conall sein", sagte Medb. „Er wird uns alle in Stücke hauen."

„Der dritte Wagen", fuhr Finnabair fort, „wird von den schnellsten Pferden gezogen. Das eine ist grau, das andere schwarz, und sie laufen schneller als die Vögel und atmen Blitze aus. Und der Krieger ist ein trauriger, dunkler Mann, der schönste Mann Irlands. Ich sehe seine weiße Brust unter seinem scharlachroten Umhang, befestigt mit einer goldenen Brosche. An seinen Augen funkeln drachenrote Juwelen, und seine strahlenden roten Wangen sind entflammt, während er wie ein Lachs über seinem Wagen hüpft."

„Das ist Cúchulainn", rief Medb. „Sein Zorn wird uns alle zu Staub mahlen."

Medb begrüßte die Helden mit einem Fass Wasser, damit sie sich kühlen konnten, und fünfzig Frauen bedienten sie in ihren Gästezimmern. Dann baten sie Ailill und Medb, den

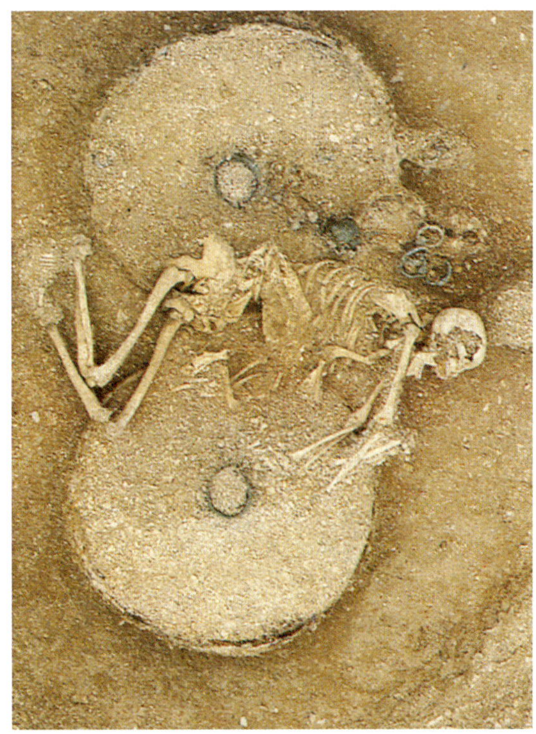

Oben links: Griff einer Bronzeschale, Hallstatt, Österreich (6. Jahrhundert v. Chr.). Ein frühes Beispiel keltischer Metallbearbeitung. Viele Mythen erwähnen, dass solche feinen Metallgefäße für die Bankette der Adligen benutzt wurden. Kuh und Kalb sind aus massiver Bronze und in einem geometrischen Stil gefertigt, der für die Hallstattkunst typisch ist.

Oben rechts: Wagengrab einer jungen Frau, Wetwang, Yorkshire, England (ca. 2.–1. Jahrhundert v. Chr.). Ein quadratischer Grabhügel markierte das Grab. Räder und Deichsel liegen neben Bronzeobjekten, darunter ein Spiegel und ein Korb. Ein Stück Schweinefleisch, in Mythen oft „Braten des Helden" genannt, war für die Mahlzeit in der Unterwelt bestimmt. Ein ähnliches Grab für einen Mann wurde in der Nähe gefunden. Schwert, Speere und Schild zeichnen ihn als keltischen Krieger aus.

Links: Goldamulette aus Szarazd-Regoly, Ungarn (etwa 100 v. Chr.). Diese schönen Beispiele für keltische Miniaturschmiedekunst wurden aus gepunztem Blattgold mit Filigran und granuliertem Dekor gefertigt. Das Rad symbolisiert den Sonnengott und wurde als Talisman in Gräber gelegt, um sie vor den Kräften der Finsternis zu schützen.

Gegenüber: Menschenkopf auf einem großen Bronzekessel aus Rynkeby, Dänemark (1. Jahrhundert v. Chr.). Er trägt den Kriegertorques, und seine stilisierten Züge sind typisch für die keltische Kunst. Auch Ochsenköpfe schmücken diesen Kessel, vielleicht ein Zeichen dafür, dass er als rituelles Gefäß für Tieropfer diente.

Streit um Bricrius Preis zu schlichten. Alle verfluchten Bricrius Heimtücke.

Ailill konnte sich nicht zwischen den drei Bewerbern entscheiden. Darum übernahm Medb das Urteil: „Es ist ganz einfach", sagte sie zu ihrem Gatten, „denn Loegaire unterscheidet sich von Conall wie goldbraune Bronze von weißem Gold, und Conall unterscheidet sich von Cúchulainn wie weißes Gold von rotem Gold." Sie rief Loegaire zu sich: „Ich bestimme dich zum König von Irland", sagte sie. „Du bekommst den Heldenpreis. Kehre zu Conchobar und den Ulstermännern zurück und zeige ihnen dies zum Zeichen deiner Ernennung." Und sie gab ihm einen Bronzekelch, dessen Boden mit einem Vogel aus weißem Gold verziert war. Loegaire trank den Wein aus und begab sich ins Bett zu seinen fünfzig Frauen.

Dann ließ Medb Conall rufen, sagte das Gleiche zu ihm und überreichte ihm einen Kelch aus weißem Gold mit einem goldenen Vogel am Boden. Auch er trank den Wein und ging zu Bett. Zu seinen fünfzig Frauen gesellte sich auch Sadb Sulbair, die Tochter von Ailill und Medb.

Zum Schluss bat sie Cúchulainn zu sich, und Ailill schloss sich ihrem Urteil an. Sie gab dem Helden einen Kelch aus rotem Gold mit einem Vogel aus einem unbezahlbaren Edelstein am Boden. „Du bist der größte aller Helden", erklärten der König und die Königin von Connaught, „und deine Frau Emer ist unserer Meinung nach die Erste in Ulster. Kehre morgen zu Conchobar zurück und beanspruche den Preis." Prinzessin Finnabair begab sich zu Cúchulainn ins Bett.

Vor dem Aufbruch am nächsten Morgen unterhielten die Helden den Hof mit Wettkämpfen. Als sie das Rad warfen, traf Loegaire nur das obere Ende der Saalwand. Conall traf unter dem Jubel der jungen Männer von Connaught den Firstbalken. Aber Cúchulainns Wurf traf den Firstbalken mit solcher Wucht, dass das Rad das Dach durchbrach und sich draußen eine Armlänge tief in die Erde bohrte. Dann nahm Cúchulainn die Nadeln der hundertfünfzig Frauen und warf eine nach der anderen in die Luft, sodass jede ins Öhr der nächsten fiel und mit ihnen eine Kette bildete. Unter dem Jubel der Menge, die sich im Hof versammelt hatte, gab er jede Nadel ihrer Besitzerin zurück. Dann verabschiedeten sich die drei Helden von Ailill und Medb sowie von den Leuten in der Festung Cruachan und kehrten einzeln nach Ulster zurück.

Conall und Cúchulainn wurden von mehreren Abenteuern aufgehalten, und als sie schließlich Conchobars Burg in Emain Macha erreichten, fanden sie den Hof in Trauer vor: Loegaire war vor ihnen angekommen und hatte ihren Tod vorgetäuscht. Das folgende Gezänk wurde von Sualdam, Cúchulainns Vater, beendet, der alle zu einem Begrüßungsfest einlud. „Warum geben wir den Heldenpreis nicht einem anderen?", sagte einer der Ulstermänner während der Feier. „Denn wäre einer dieser drei in Cruachan auserwählt worden, hätte er einen Beweis dafür mitgebracht." Daraufhin zeigte Loegaire seinen Kelch vor und wollte Bricrius Preis haben. „Der Preis gehört mir", erklärte Connall und hielt seinen Kelch hoch. „Denn meiner ist golden und deiner nur aus Bronze."

„Dann bin ich der größte Held", rief Cúchulainn und zeigte den Anwesenden den Kelch aus rotem Gold mit dem Vogel aus Edelstein.

„Ailill und Medb haben entschieden", schrien Conchobar und die Ulstermänner. „Wir verleihen den Preis dir." Doch Loegaire und Conall erkannten die Entscheidung nicht an und beschuldigten Cúchulainn, er habe Ailill und Medb bestochen. Wieder wurden Schwerter gezückt. Conchobar beendete den Kampf, und Sencha der Weise verkündete, die drei sollten zu Cú Roi nach Munster gehen, damit dieser endgültig entscheide.

Als sie die Burg von Cú Roi erreichten, war der König fort, doch Bláthnad, seine Frau, war angewiesen worden, sie bis zur Rückkehr ihres Gatten mit Speise und Trank zu bewirten. Nach dem Mahl befahl sie im Auftrag des Königs, jeder der drei Helden müsse eine Nacht Wache halten. In der ersten Nacht war Loegaire an der Reihe, denn er war der Älteste. Kaum war die Sonne versunken, spürten sie, dass sich die Burg wie ein Wasserrad drehte – denn Cú Roi belegte sie jede Nacht mit einem Zauberbann, damit kein Feind in der Dunkelheit das Tor fand.

Loegaire hielt Wache, während die anderen schliefen. Als es zu dämmern begann, stieg im Westen ein Riese aus dem Meer. Obwohl er noch weit entfernt war, kam er Loegaire so hoch wie der Himmel vor. Als er sich näherte, schleuderte er drei riesige Baumstämme nach Loegaire. Sie verfehlten ihr Ziel, und der tobende Riese hob Loegaire wie ein Kind in der Faust hoch. Es war, als sei Loegaire zwischen zwei Mühlsteine geraten. Der Riese warf ihn über die Burgmauer, und als die anderen den halb toten Mann fanden, dachten sie, er habe versucht, sie mit einem Sprung über die Mauer herauszufordern.

Am folgenden Abend war Conall an der Reihe, und der Riese behandelte ihn genau wir Loegaire. In der dritten Nacht hielt Cúchulainn Wache. Es war eine böse Nacht, denn nach einer Prophezeiung sollte ein Ungeheuer aus dem See unter der Zitadelle alle Bewohner verschlingen. Kurz vor Sonnenaufgang riss ein großer Lärm aus dem Wasser Cúchulainn aus dem Halbschlaf. Er schaute über die Mauer und sah das Ungeheuer, das weit aus dem See ragte. Es drehte sich zu ihm um und griff die Burg an; sein offenes Maul verschlang eine Hütte nach der anderen. Cúchulainn sprang hoch in die Luft, stieß mit den Armen in die Kehle der Bestie und riss ihr das Herz heraus.

Der Held hatte kaum Zeit, sich auszuruhen, als er den Riesen aus dem Meer steigen sah. Der Riese warf seine Baumstämme nach ihm, und Cúchulainn schleuderte seinen Speer. Beide verfehlten ihr Ziel. Dann versuchte der Riese, Cúchulainn mit der Faust zu packen. Doch der war zu flink; er sprang in die Luft und umkreiste den Riesen mit seinem Schwert. „Ich gebe dir alles, wenn du mein Leben verschonst", sagte der Riese. „Ich will den Preis für den größten Helden, und Emer soll die erste Frau in Ulster sein", sagte Cúchulainn. „So soll es sein!", rief der Riese und verschwand im Morgennebel.

Am nächsten Tag kehrte Cú Roi zurück und erfuhr von Cúchulainns großen Taten. Daraufhin sprach er ihm den Preis zu, und die drei Helden von Ulster machten sich auf den Heimweg. Und wieder missgönnten Loegaire und Conall Cúchulainn den Preis, aber der war müde vom Kampf, und man ließ den Streit ruhen.

Einige Zeit später speisten Conchobar und die Ulstermänner in Emain Macha, als ein grobschlächtiger Riese an der Tür erschien und sie zu einem Enthauptungsspiel aufforderte. Die drei großen Helden waren abwesend, aber Muinremur nahm die Herausforderung an. „Dies sind die Regeln", schrie der Riese. „Du schlägst mir heute den Kopf ab, und ich schlage dir morgen den Kopf ab."

Rechts: Burg Maiden Castle, Dorset, England (um 300 v. Chr.). Die Festung des keltischen Stammes der Durotrigen hat eine lange und komplexe Baugeschichte, die um 2500 v. Chr. begann. Ihre heutige Größe erreichte sie aber erst in der keltischen Ära. Der auffallende gewundene Weg zum Eingang war kaum ein Hindernis, als die Römer die Burg im 1. Jahrhundert n. Chr. stürmten. Auch später war der Ort ein religiöses Zentrum: Ein runder Holztempel wurde im 4. Jahrhundert n. Chr. aus Stein neu errichtet, zusammen mit einem quadratischen Steintempel.

Oben: Keltischer Gott an der Außenseite eines Kessels, Dänemark (1. Jahrhundert v. Chr.). Dieser vergoldete Silbertopf wurde in einem dänischen Sumpf gefunden, also außerhalb der keltischen Welt. Aber seine mythologischen Bilder sind zweifellos keltisch. Ein gewaltiger Gott demonstriert seine Macht über Männer, die wilde Eber halten. Eber und Schwein waren heilige Tiere, die oft für wichtige Opfer benutzt wurden. Zudem diente ihr Bild Kriegern als Helmzierde.

„Ein faires Angebot", sagte Muinremur lachend. Er hatte nicht vor, seinen Teil der Vereinbarung mit dem törichten Riesen einzuhalten. Dieser legte den Kopf auf den Hackblock, und Muinremur schlug ihn mit einer Axt ab. Zur Überraschung aller stand der Kerl auf, nahm seinen Kopf und ging. Am nächsten Tag, sagte er, werde er wieder da sein. Am folgenden Abend kehrte er zurück, aber Muinremur war nirgends zu sehen. Der Riese schimpfte laut, und ein anderer Krieger erklärte sich zu derselben Absprache bereit. Doch am nächsten Abend ging auch er dem Riesen aus dem Weg. So geschah es drei Tage lang, und am vierten Abend versammelten sich viele Leute, um das Wunder zu bestaunen. Auch Cúchulainn war anwesend, und der Riese forderte ihn heraus. Der Held schlug ihm nicht nur mit einem Hieb den Kopf ab, sondern zerstückelte ihn zudem auf dem Boden. Dennoch erhob sich der Riese, hob die Stücke auf und ging. Am Abend darauf kehrte er zurück, denn er wusste, dass Cúchulainn ein Held war, der sein Wort hielt.

„Wo ist der Held Cúchulainn?", fragte der Riese.

„Vor Leuten wie dir verstecke ich mich nicht", antwortete Cúchulainn.

„Du klingst besorgt", meinte der Riese. „Aber wenigstens hast du dein Wort gehalten." Cúchulainn legte den Kopf auf den Block, und der Riese hob die Axt. Alle keuchten und wandten sich ab. Als der Riese zuschlug, drehte er die Axt so, dass nur ihr stumpfes Ende den Hals leicht berührte.

„Steh auf, Cúchulainn!", rief er. „Denn von allen Helden in Ulster und in ganz Irland bist du der Größte, was Tapferkeit und Ehre anbelangt. Deine Frau Emer ist die erste Frau von Ulster. Und wenn jemand das bestreitet, sind seine Tage gezählt." Mit diesen Worten verließ der Riese den Saal, doch unterwegs verwandelte er sich in Cú Roi, Daires Sohn, und sorgte auf diese Weise dafür, dass sein Urteil endgültig war.

Oben: „Der Tod Cúchulainns" (Bronzeskulptur von Oliver Sheppard, Hauptpostamt, Dublin, Irland; aufgestellt nach dem Osteraufstand 1916). Der irische Held wurde von einem Speer getötet, den sein Feind Lugaid geworfen hatte. Da er aufrecht und im Kampf sterben wollte, band er sich an einen Steinpfeiler. Lugaid traute sich erst an ihn heran, als sich die Krähe – der Tod – auf Cúchulainns Schulter niederließ. Der Kopf des Helden wurde unter einem Hügel bei Tara begraben. Dieses Denkmal steht für Menschen, die im Kampf für Irlands Unabhängigkeit starben.

Keltische Kunst

Die prägnanten Merkmale der keltischen Kunst spiegeln eine Gesellschaft wider, die ihren Reichtum gerne zur Schau stellte. Besonders typisch sind die abstrakten Muster, die viele Gegenstände schmücken. Die frühen keltischen Kunsthandwerker verfügten über ein Grundrepertoire an dekorativen Mustern, die zwar für unser Auge „abstrakt" und daher ohne klare Bedeutung sind, aber für die alten Kelten gewiss ein machtvolles visuelles Zeichen ihrer kulturellen Identität waren – man findet in der ganzen keltischen Welt die gleichen Muster.

Dieser dekorative Stil hielt sich lange. Das zeigt, dass er den Veränderungen der keltischen Kultur erstaunlich gut widerstand. Die charakteristischen geschwungenen Linien der keltischen Kunst lassen sich in ununterbrochener Tradition bis zum 8. Jahrhundert v. Chr. zurückverfolgen, also bis zur

Oben und gegenüber oben: Cernunnos mit Tieren (Innenseite des Kessels von Gundestrup, Dänemark; 1. Jahrhundert v. Chr.). Ein seltenes Beispiel für figurative Kunst aus der La-Tène-Periode. Die Szenen auf dem Silbertopf sind mit dünner Goldfolie überzogen. Die Silberverarbeitung war eine Errungenschaft der Ostkelten. Die Bilder wurden in Metall- oder Knochenwürfel gemeißelt, dann hämmerte man die Bronzeplatte von hinten (repussé) in die Würfel. Details wurden mit Punzen und Gravurinstrumenten auf die Oberfläche ziseliert. Die Szenen und mythischen Gestalten sind keltisch: Cernunnos, der Gott mit dem Hirschgeweih, tritt mit Hirsch, Eber, Stier, Schlange und Torques im La-Tène-Stil auf.

Unten: Der Trundholm-Wagen (aus einem dänischen Moor; um 1300 v. Chr.). Die religiösen Themen, Kunststile und Materialien keltischer Kunst der Eisenzeit wurzeln in der Bronzezeit. Dieses Bronzemodell eines Pferdes und die Goldblech-Scheibe symbolisieren wahrscheinlich die Sonne. Pferd und Sonne erscheinen gemeinsam auf späteren keltischen Münzen.

frühen Hallstattkultur in Osteuropa. Dieser Stil findet sich im 3. Jahrhundert v. Chr. bei der La-Tène-Kultur in Britannien und überlebte rund 1400 Jahre, trotz der normannischen Eroberung. Kunsthistoriker haben mehrere chronologische Veränderungen im Grundstil und regionale Unterschiede festgestellt. In diesen Regionen, die immer großen Wert auf ihre keltische Vergangenheit legten, verschwand der Stil nie vollständig. Irland und Schottland waren besonders erfolgreich, was die Wiederbelebung der Kunst zu verschiedenen Zeiten ihrer postnormannischen Vergangenheit anbelangt, und Metallbearbeiter fanden auch im 19. und 20. Jahrhundert einen Markt für Schmuck nach keltischem Muster.

Offenbar überließen die keltischen Kunsthandwerker das Geschichtenerzählen den Dichtern. Deshalb gibt es kaum „narrative" keltische Kunst. Anstatt Heldentaten abzubilden, wie es beispielsweise die griechischen Künstler taten, verwöhnten die Kelten das Auge mit oft ausgeklügelten, verschlungenen Formen, von einfachen fadenförmigen Linien bis zu komplexen, der Natur entnommenen Fantasien. Wenn doch einmal menschliche oder tierische Gestalten gewählt wurden, dann vermieden die Künstler die naturalistische Darstellung der klassischen westlichen Kunst und deuteten die Natur auf verblüffend stilisierte, sogar verzerrte Weise.

Man muss die fantastischen und bisweilen bizarren Formen dieser Kunst im Zusammenhang mit der keltischen Kultur sehen. Die Künstler brauchten viel Zeit und großes Können, um derart komplexe Werke aus Stein, Holz und Metall anzufertigen. Schon deshalb waren diese für die Stammesführer sichtbare Zeichen ihres Ranges in der Gesellschaft. Die reichen Männer und Frauen, die solche Kunstobjekte trugen und benutzten, bezahlten auch die Geschichtenerzähler, deren Mythen ein ähnliches Geflecht von Themen und Unter-

Unten: Kopf aus Msecke Zehrovice, Tschechien (Kalkstein, etwa 3.–2. Jahrhundert v. Chr.). Dieser ostkeltische Kopf wurde neben einem religiösen Schrein entdeckt. Er war wohl Opfergabe für einen Gott, aber es ist unklar, ob er den Gott oder den Anbeter darstellt. Der Torques, das Symbol eines Stammesführers, deutet auf Letzteres hin. Die starren Augen und die stilisierten Züge mit Kurvenlinien sind typisch für die La-Tène-Kunst.

themen auszeichnete, das die Zuhörer fesselte. Ihre Mythen wurden mit wundersamen Ereignissen und gelegentlichen Schocks gewürzt. Die Mysterien der druidischen Rituale gehörten zum Kern des keltischen Denkens, und auch sie waren gewiss ein Grund dafür, dass die Künstler auf Abbildungen von Göttern und Menschen meist verzichteten.

Die heidnischen Kelten nahmen ihren kostbarsten Besitz mit ins Grab. Darum wurden die schönsten keltischen Kunstwerke in Gräbern von Adligen gefunden. Kleiderbeiwerk für Männer und Frauen, zum Beispiel Broschen, Halsketten, Torques und Armbänder, bestand aus Edelmetall. Für Gold, Silber und Bronze wurden flache Gussformen benutzt, die keltische Muster trugen, oder man drehte und flocht das Metall, um komplexere Formen zu erhalten. Manche Torques bestanden aus Hohlrohren. Die Farbe lieferten emaillierte Intarsien. Bronzene Handspiegel fand man vor allem in Gräbern von Frauen; in ihre Rückseite sind keltische Muster eingeritzt. Fein verziertes Metallzaumzeug, Trinkschalen, Schwerter, Schilde und Helme spiegeln die Kämpfe und Feiern der Mythen wider, und Wagengräber für Männer und Frauen zeugen vom hohen Rang der Frauen in der keltischen Kriegergesellschaft. Zur keltischen Kunst gehören auch Stein-

Gegenüber oben links: Torques aus Elektron (Snettisham, Norfolk, England; 1. Jahrhundert v. Chr.). Je acht gedrehte Drähte bilden acht Hauptstränge, die an die Endstücke gelötet wurden. Letztere sind im geschwungenen La-Tène-Stil verziert. Die britischen Künstler entwickelten eine zunehmend „insulare" Version des kontinentalen Stils.

Gegenüber unten links: Fast ringförmige irische Silberbrosche (7. Jahrhundert n. Chr.). Dieser Broschentyp wurde aus dem vorrömischen keltischen Britannien nach Irland exportiert. Im Frühmittelalter schufen die irischen Kelten ihre eigenen, überaus kostbaren Exemplare.

Gegenüber rechts: Sockel des Kreuzes von Cong (Grafschaft Mayo, Irland; Bronze und Eiche, 12. Jahrhundert). Die Wikinger beeinflussten die spätkeltische irische Kunst mit ihren verschlungenen Ranken und Drachen. Kreuzsockel in Form von Tierfiguren symbolisieren den Sieg des Christentums über die Natur. Das Kreuz wurde für Turlough O Conna angefertigt, den Hochkönig von Irland.

Rechts: Pferdemaske (aus Stanwick, Yorkshire, England; 1. Jahrhundert n. Chr.). Diese Bronzemaske war eines von mehreren Schmuckstücken für Pferde aus dem keltischen Stammeszentrum der Briganten, das die Römer zerstörten. Die nichtnaturalistischen Züge sind typisch für diese Periode.

Links: „Das weiße Pferd von Uffington" ist das älteste Scharrbild in England. Vermutlich wurde es zwischen dem 1. Jahrhundert v. Chr. und dem 1. Jahrhundert n. Chr. geschaffen. Das aus dem Kreidekalkboden geschnittene, 111 m lange Bild befindet sich in der Nähe einer eisenzeitlichen Festung in Oxfordshire.

Unten: „Die Reiter der Síde" (John Duncan; Tempera auf Leinwand, 1911). Die Síde reiten am keltischen Beltene aus, dem Vorabend des Mai, um den Sommer ins Land zu geleiten. Die Daoine-Síde waren die irische Version der britischen Feen, alte Helden und Götter, die in den Síde oder „hohlen Hügeln" der Anderswelt lebten. Duncan sagte, er könne beim Malen „Feenmusik" hören. Er verleiht seinen spätromantischen Bildern keltische Authentizität: Pferdemasken und Geschirr sowie Kelch, Schwert und Schild sind alten Vorbildern entnommen.

skulpturen auf Gräbern und an religiösen Stätten, aber der monumentalste Ausdruck des Stils sind die riesigen, in den Kreideboden von Hügeln gescharrten Figuren, die man als religiöse Bilder oder Stammesembleme deutet.

Die Werke keltischer Künstler unter römischer Herrschaft hielten die Tradition aufrecht: Keltische und römische Kunststile sind oft am selben Objekt erkennbar. Die Römer drangen nie in Irland ein, und ironischerweise erlebte die keltische Kunst ihre „goldene Ära" nicht unter dem Mäzenatentum heidnischer Stammesführer, sondern in der christlichen Zeit. Im 7. Jahrhundert n. Chr. erlernten irische Künstler neue Methoden der Metallbearbeitung: Filigran und Granulation. Die alten heidnischen, verschlungenen Muster erschienen jetzt auf christlichen Kultobjekten: Kreuze, Kelche und Hostienteller; Reliquiare für die Gebeine von Heiligen; Bischofsstäbe als Zeichen der neuen spirituellen Führer sowie dekorative Briefköpfe auf christlichen Manuskripten. Die kostbarsten keltischen Broschen stammen ebenfalls aus dieser Periode.

Ihre jüngste Renaissance erlebte die keltische bildende Kunst Ende des 19. Jahrhunderts in den Werken schottischer Maler wie John Duncan. Wenn sie mythische Szenen malten, integrierten sie die alten keltischen Muster in die Kleidung und Möbel. Sie neigten dazu, die Mythen nach dem Geschmack ihrer Zeit zu romantisieren. Noch jüngeren Datums sind die Werke des Malers Alan Lee aus Devon. Er beschwört die keltische Welt in seinen Buchillustrationen herauf, die walisische Mythen und Artussagen darstellen. Wie Duncan nutzt er die dekorativen Muster früherer keltischer Künstler, um seinen Bildern ein echtes keltisches Flair zu verleihen.

KAPITEL ZWEI

Die traurige Geschichte von Deirdre

Diese Geschichte ist eine der populärsten der mündlichen Überlieferungen. Zwischen dem 9. und 19. Jahrhundert wurden mehrere Versionen davon niedergeschrieben. Die leicht bearbeitete Version, die auf eine schottisch-gälische mündliche Quelle zurückgeht, wurde 1887 aufgezeichnet. Ihr Stil ist daher eher volkstümlich als literarisch. Die früheren irischen Erzählungen nennen Conchobar als Deirdres Vater – wahrscheinlich galt diese Beziehung als zu inzestuös und wurde daher später geändert –, und der alte Prophet war Conchobars Druide Cathbad. Die Klage der lieblichen Deirdre stammt aus einer frühen irischen Erzählung. Sie schließt heidnische Götter ein, die nach der Christianisierung verbannt wurden. Die Namen sind schottisch: Ferchar mac Ro wäre beispielsweise in einer irischen Version Fergus mac Roich. In den frühen Sammlungen keltischer Literatur ist dies eine der drei traurigsten Geschichten Erins – wie auch die der Kinder Lirs und der Kinder Tuirinns.

Es ist eine Episode – wahrscheinlich ein Abend innerhalb eines längeren mündlichen Vortrags – aus einer größeren Heldensage, deren Thema die Verstoßenen sind. Die ineinander verschlungenen Bäume der Liebenden erinnern an andere Liebesgeschichten, darunter eine Version von Tristan und Isolde. Ein besonders typischer keltischer Zug ist die überzeugende weibliche Charakterisierung der Heldin Deirdre. So macht sie dem Held den Hof, statt auf sein Werben zu warten. Diese Geschichte spiegelt frühe kulturelle Bande zwischen Schottland und Irland wider.

Malcolm Harper und seine Frau lebten in einem fernen Winkel Irlands. Sie wünschten sich innig ein Kind. Obwohl sie der Fruchtbarkeitsgöttin geopfert hatten, war ihre Hoffnung gering, da sie alt wurden. Sie wussten nicht, dass ihre Gebete erhört worden waren. Ein alter Mann, der sah, was sie nicht sahen, überbrachte ihnen eine Botschaft der Götter: „Ihr werdet eine Tochter haben, aber sie wird mehr Blutvergießen bewirken, als diese Insel je erlebt hat. Drei Helden werden wegen dieser Frau, eurer Tochter, den Kopf verlieren."

Am Ende desselben Jahres wurde das Kind geboren, aber die Mutter durfte sie nicht einmal sehen. Malcolm brachte das Mädchen zu einer kinderlosen Frau im Dorf. „Du kannst das Kind haben", sagte er. „Aber ich will sie an einen Ort bringen, wo kein anderer Lebender sie jemals sieht." Sie reisten drei Tage, bis sie die hohen Berge erreichten. Auf einem Gipfel gruben sie ein Loch und bedeckten es mit Schlamm und Holz. Dies war das Heim der Pflegemutter und des Kindes. Malcolm taufte seine Tochter Deirdre und ging.

Ihre ersten sechzehn Jahre verbrachte Deirdre in dieser bescheidenen Hütte, die bald Teil der Landschaft wurde – ein grüner Hügel, der den blauen Himmel berührte. Sie sah nur ihre Pflegemutter, die ihr alles beibrachte, was sie über die Blumen und Vögel wusste, die in ihrer Umgebung im Sonnenlicht lebten, und über die Sterne, ihre Gäste in der Nacht. Unbefleckt von der Gier und Lust anderer wuchs Deirdre zu einer schönen jungen Frau heran. Sie war die Schönste in Irland, und wenn ein Mann ihr ins Gesicht geschaut hätte, wäre sie feuerrot geworden. Doch ihre Pflegemutter, jetzt eine alte Frau, sorgte dafür, dass dies nie geschah, wie sie es Malcolm versprochen hatte. Sie ließ sie in der Hütte zurück, wenn sie ins Tal ging, um einzukaufen.

In den weißen Wintern jagten Könige und Adlige wilde Eber und Hirsche auf den bewaldeten Berghängen. Deirdre hörte ihre lauten Hörner und spürte die Angst des Hirsches, der den aufsteigenden Mond anröhrte. Ihre Pflegemutter sagte, das seien die wilden Jäger von Cernunnos, die über den Nachthimmel zögen, wenn der Mond am höchsten stehe. In einer solchen Nacht verbarg sich der Mond hinter schwarzen Gewitterwolken. Ein Jäger verlor seine Hunde und Gefährten und fand neben dem grünen Hügel Schutz vor dem Sturm.

Gegenüber: Die bergige Atlantikküste Irlands. Die keltischen Barden lieferten eindringliche Landschaftsbeschreibungen. Da sie ihre mythischen Helden in eine erkennbare Welt versetzten, wurde aus den Mythen Wirklichkeit.

Kalt und erschöpft legte er sich nieder und schlief bald ein. Er träumte von Feen, die im Hügel tanzten und musizierten.

„Lasst mich rein, bevor ich in der kalten Nacht sterbe!", rief der Jäger.

Deirdre hörte seine Stimme trotz des Sturmes. „Jemand ist draußen", sagte sie zu ihrer Pflegemutter.

„Geh wieder schlafen", sagte die Alte. „Das ist der Schrei der Vögel, deren Nester der Wind zerstört hat."

„Du selbst hast gesagt, dass wir Verirrten helfen müssen", erwiderte Deirdre. „Ich lasse den heimatlosen Vogel herein."

Sie öffnete den Riegel, und der Jäger trat ein. Deirdre mied seinen festen Blick, führte ihn zu einem Stuhl am Herd und brachte ihm Essen und klares Quellwasser. Die alte Frau durchbrach die Stille: „Du hast Glück, in einer solchen Nacht Unterschlupf zu finden. Zum Dank dafür solltest du für dich behalten, was du gesehen hast."

Unten: Der gehörnte Gott Cernunnos (römisch-keltische Reliefskulptur auf dem Nautenpfeiler, Paris, Frankreich; 1. Jahrhundert n. Chr.). Der Gott der wilden Tiere hat die Gestalt eines Menschen, aber Ohren und Geweih eines Hirsches: An jedem Horn hängt ein Torques, Symbol der keltischen Krieger. Cernunnos war in Gallien populär, wird aber in der irischen und britischen Kunst und Mythologie kaum erwähnt, obwohl er später als Herne erscheint, der Jäger mit dem Hirschgeweih.

Links: Menschliche und tierische Jäger (Bronzematrize zur Anfertigung dekorativer Helmplaketten, Torslunda, Schweden; 8. Jahrhundert n. Chr.). Die Verwandlung von Menschen in Tiere kommt in keltischen Mythen häufig vor, besonders unter Göttern.

„Das ist ein geringer Lohn für die Rettung meines Lebens", sagte der Jäger. „Doch bei deinen Händen und denen deines Vaters und seines Vaters, ich kenne Männer, die diese liebliche Maid rauben würden, wenn sie je einen Blick auf sie werfen könnten."

„Welche Männer?", fragte Deirdre, die stets neugierig war.

„Ich sage es dir, weil du mich fragst", antwortete der Jäger. „Naoise, der Sohn Uisnechs, und seine Brüder Ainnle und Ardán."

„Wie sehen sie aus", fragte Deirdre zögernd, „falls wir ihnen je begegnen würden?"

„Sie sind unverwechselbar", sagte der Jäger. „Ihre Haut ist weiß wie der Schwan auf einem dunklen See, ihr Haar ist schwarz wie Rabenflügel am hellen Himmel, sie haben Wangen wie das Blut des scheckigen roten Kalbes, und sie können laufen und springen wie Hirsche auf den Berghängen oder Lachse im reißenden Fluss. Und Naoise ist der größte Mann in Erins Land."

„Schluss damit!", rief die Alte. „Es ist Zeit für dich zu gehen. Bei der Sonne und beim Licht, ich wünschte, du wärst nie gekommen!"

Der Jäger ging schnurstracks zum Hof von König Conchobar von Ulster und berichtete ihm, er habe das schönste Mädchen in Irland gefunden und werde ihn zu ihr führen.

Eines Morgens im Mai, ehe die Vögel zu singen begannen und als der Tau noch schwer auf den Frühlingsblüten lag, brach der König von Ulster mit seinen Freunden und dem Jäger auf, um Deirdre in ihrem grünen Hügel auf dem Berg zu besuchen. Es war eine lange Reise in felsigem Gelände, und bald waren selbst die Jüngsten unter ihnen müde. Als sie sich der Hütte näherten, ließ der Jäger anhalten. „Dort ist die Hütte, wo die liebreizendste Maid von Erin lebt. Aber ihr könnt die Reise ohne mich beenden. Ich möchte die Alte nicht wiedersehen."

Conchobar und seine Gefährten gingen zum Hügel und klopften an die Tür. „Nur der Befehl eines Königs könnte mich bewegen, die Tür zu öffnen", rief die Alte von innen. „Sag mir also, wer du bist."

„Ich bin Conchobar, König von Ulster." Die Frau öffnete, und alle drängten in die Hütte hinein.

Der König schaute Deirdre an und sah das Mädchen seiner Träume. Er empfand große Liebe für sie, aber Deirdre, obwohl sie unter seinem Blick feuerrot wurde, sah ihrerseits nicht den Mann ihrer Träume. Ein Held Conchobars trug sie auf den Schultern zum Hof von Ulster, begleitet von ihrer Pflegemutter.

Conchobar gestand Deirdre seine Liebe und bat um ihre Hand. „Gewährt mir ein Jahr und einen Tag, und dann fragt mich erneut", sagte Deirdre zu seiner Überraschung. „Ein Jahr und einen Tag gewähre ich dir", sagte Conchobar. „Aber nur, wenn du versprichst, dass du an diesem Tag meine Frau wirst." Deirdre versprach es, doch ihr Herz blieb stumm. Conchobar war zufrieden und gab seiner künftigen Frau viele Zofen und, da er merkte, dass sie ungebildet war, einen Lehrer. Bald wurde aus diesem wilden Mädchen eine Dame, die eines Königs würdig war. Aber ihr Herz gehörte nicht ihm.

Es war Sommer, und Deirdre saß mit ihren neuen Freundinnen auf einer Anhöhe hinter dem Schloss. Es war ihr Lieblingsplatz, weil sie von dort aus die fernen Berge sehen und sich die Vögel und Blumen bei ihrer alten Hütte vorstellen konnte. In ihrem Tagtraum sah sie drei Männer auf dem staubigen Weg, der zum Schlosstor führte. Als sie am Abhang vorbeigingen, erkannte Deirdre sie anhand der Beschreibung, die der Jäger ihr gegeben hatte: Dies waren gewiss die Söhne Uisnechs. Und sie empfand für Naoise, dem größten der drei, was Conchobar für sie empfand. Ihre Zofen zurücklassend, lief sie die Anhöhe hinab und den Männern nach.

Ainnle und Ardán hatten von Deirdres Schönheit gehört und dachten, sie könne eine Frau für ihren älteren Bruder Naoise sein – schließlich war sie unverheiratet. Es dämmerte, und sie wollten Conchobars Hof vor Einbruch der Nacht erreichen. Deirdre, deren flinke Füße von ihrem langen Kleid und den Schuhen behindert wurden, rief ihnen verzweifelt nach: „Naoise, Sohn Uisnechs, wie kannst du ohne mich gehen?" Der Held hielt an. „Was war das für ein lauter und doch so wohlklingender Schrei?" – „Es ist der Ruf der Schwäne auf Conchobars Teichen. Wir sind in der Nähe des Schlosses", sagten die Brüder. Doch Naoise erkannte die Stimme einer Frau in Not und drehte sich um. Jetzt sah er sie. Deirdre wusste, dass dieser Mann ihr Geliebter war. Sie vergaß die neu erlernten höfischen Sitten, trat vor und küsste Naoises Stirn dreimal. Ainnle und Ardán gab sie je einen Kuss. Dann wurde ihr bewusst, was sie getan hatte, und sie errötete tief. Aber die Röte verschwand so schnell, wie die Espen am Bach zittern. Für Naoise war sie schöner als der schönste Traum.

Da er wusste, dass seine Liebe Streit zwischen ihm und Conchobar, dem Sohn seines Onkels, auslösen würde, nahm er Deirdre auf die Schulter und verließ mit ihr Ulster. Die drei Brüder brachten Deirdre über das Meer nach Alba, das manche Leute Schottland nannten. Am Loch Ness bauten sie einen Turm und waren glücklich miteinander, wenn sie das Wild der Berghänge und die Lachse der tosenden Flüsse jagten.

Unten: Turoe-Stein, Grafschaft Galway, Irland (etwa 1. Jahrhundert v. Chr.). Die Form deutet auf einen heiligen Fruchtbarkeitsstein hin. Er ähnelt dem „Nabel der Welt" im antiken Delphi. Das eingemeißelte Dekor mit seinem gewundenen, stilisierten Blattwerk ist typisch für die irische La-Tène-Kunst.

Schließlich kam der Tag, an dem Deirdre den König heiraten sollte. Conchobar konnte nicht glauben, dass die Frau, die er so liebte, nicht zurückkehren würde, um ihr Versprechen zu halten. Aber sie kam nicht. Conchobar beschloss, sich zu rächen, indem er sie Naoise wegnahm, den er nicht für ihren rechtmäßigen Gatten hielt. Deshalb plante er ein prachtvolles Fest, zu dem er alle Großkönige und Edelmänner von Erin einladen wollte. Seinen Onkel, Ferchar mac Ro, schickte er nach Alba, um die Söhne Uisnechs über das Fest zu unterrichten. „Sag ihnen", erklärte Conchobar, „dass ich nicht mehr schlafen kann, wenn sie nicht kommen."

Ferchar und seine drei Söhne segelten nach Alba und erreichten bald den Turm am Loch Ness. Naoise begrüßte sie herzlich und fragte Ferchar nach Neuigkeiten aus Erin. „Der König von Ulster plant ein großes Fest", antwortete Ferchar, „und er hat bei den Gewalten der Erde, des Himmels und der westwärts wandernden Sonne geschworen, dass er nicht ruhen werde, bis die Söhne seines Vaterbruders Uisnech mit ihm feiern."

„Wir nehmen die Einladung an", sagte Naoise.

Deirdre durchschaute den Plan und flehte Naoise an, in Alba zu bleiben. Und da sie wusste, dass Worte allein den Stolz ihres Mannes nicht brechen würden, der zu einem so großen Fest eingeladen worden war, sang sie dieses Lied:

Ich hatte einen Traum, o Naoise, Uisnechs Sohn,
Den du deuten sollst.
Im warmen Sommerwind flogen drei weiße Tauben
Hoch überm Meer
Und trugen in ihren Schnäbeln, was jedes Kind liebt:
Süßen Nektar von der bescheidenen Biene.

Ich hatte einen Traum, o Naoise, Uisnechs Sohn,
Den du deuten sollst.
Im warmen Sommerwind flogen drei graue Falken
Hoch überm Meer
Und trugen in ihren Schnäbeln drei blutige Halsringe,
Von der Erde mir zugedacht.

Und Naoise sang:

Ich deute nur die Träume einer furchtsamen Nacht,
Die morgens zu Staub zerfallen, Deirdre;
Am Morgen sind sie nur Schaum.

„Und wenn wir die Einladung des irischen Großkönigs ablehnen", fügte Naoise hinzu, „sind wir für immer Erins Feinde."

Ferchar wusste nichts von Conchobars Groll und flehte: „Wenn irgendjemand den Söhnen Uisnechs Unrecht tun sollte, werde ich, Ferchar, mit meinen drei Heldensöhnen bis zum Tod für sie kämpfen."

Deirdres Sorgen begannen an dem Tag, als sie nach Erin segelten. Sie stand am Bug des Schiffes und sang Schottland ihr Abschiedslied:

Jenseits der Wogen seh ich dich, Alba,
Wie du mir entschwindest.
Ich weine um deine Wälder und stillen Seen,
Aber mein Platz ist neben meinem Geliebten,
Mein Herz ist bei meinem Naoise.

Und die Söhne Ferchars sangen:

Wir lichten den Anker, hissen das Segel
Und fahren hinaus aufs tiefe Meer.
In zwei Tagen, trotz Wind und Sturm,
Springen wir an Erins weißes Ufer,
An Erins weißes Ufer werden wir springen.

Gegenüber: Rundturm in der Mönchssiedlung Clonmacnois, Irland (etwa 10. Jahrhundert n. Chr.). Diese christliche Siedlung war den Wikingerschiffen ausgeliefert, die den Fluss Shannon hinaufsegelten. Solche Verteidigungstürme waren typisch für die ersten keltischen Christen in Irland. Hier wurde das Buch von der dunkelfarbigen Kuh, ein frühes Manuskript, auf eine Kuhhaut geschrieben.

Rechts: Keltischer Bronzetorques, Dumfriesshire, Schottland (etwa 1. Jahrhundert n. Chr.). Klassische Autoren berichten, dass die nackten keltischen Krieger im Kampf Torques trugen. Die schlichten abstrakten Muster sind auf vielen La-Tène-Kunstobjekten zu sehen.

Als sie in Irland ankamen, schickte Ferchar einen Boten zu Conchobar, um ihn davon zu unterrichten, dass die Söhne Uisnechs seine Einladung angenommen hatten. Conchobar war noch nicht bereit und bat sie, einen oder zwei Tage in einem Haus für hohe Gäste zu warten. Da Conchobar wissen wollte, ob Deirdre noch so schön war wie vor einem Jahr, ließ er Gelban Grednach, den Fürsten von Lochlin rufen. „Besuche die Söhne von Uisnech", sagte er, „und berichte mir, ob die Haut meiner Deirdre noch so schön ist wie damals, als sie Erin verließ. Wenn nicht, mögen die Söhne Uisnechs sie behalten, doch wenn sie noch die Frau meiner Träume ist, werde ich sie mit der Spitze und der Schneide des Schwertes zurückholen."

Gelban, als charmant und fröhlich bekannt, ging zu dem Haus, in dem die Söhne von Uisnech und die drei Söhne Ferchars – Kühner Tropfen, Zähe Stechpalme und Fiallan der Schöne – wohnten. Er klopfte gar nicht erst an, sondern beobachtete Deirdre durch ein Loch in der Tür. Sie merkte, dass jemand sie anstarrte, und errötete tief. Das entging Naoise nicht. Er ergriff einen Würfel von dem Spieltisch und warf ihn hart gegen das kleine Loch. Naoise traf, und Gelban kehrte einäugig zu Conchobar zurück.

„Du hast den Hof charmant und fröhlich wie immer verlassen, aber du kehrst ohne Freude und Charme zurück", sagte der König. „Nun, ist meine Deirdre noch so schön wie vor einem Jahr?"

„Ich verlor ein Auge, weil ich sie bewundernd anstarrte", antwortete Gelban, „und hätte sie gerne auch mit dem anderen Auge bewundert. Aber ich riss mich von dem schönen Anblick los, um Euch zu berichten."

„So schön ist sie also noch", sagte Conchobar. „Dreihundert meiner tapfersten Helden sollen sie holen und ihre Begleiter töten."

Naoise und Deirdre hörten die Dreihundert kommen, und die tapferen Söhne Uisnechs wappneten sich für den Kampf. Aber die Söhne Fechars hielten sie davon ab, das Haus zu verlassen. „Dies ist unser Kampf", schrien sie. „Bevor unser Vater nach Alba reiste, ließ er uns schwören, dass wir euch vor jeder Gefahr beschützen." Es war ein herrlicher Anblick, als sie in die Schlacht zogen: die stattlichsten Männer mit schönem rotbraunem Haar und glänzender Bronzerüstung mit eingravierten grimmigen Löwen und springenden Tigern. Alle gegen sie gesandten Kämpfer fielen in der Schlacht.

Conchobar eilte herbei. „Wer seid ihr, die dreihundert meiner größten Helden töten können?"

Links: Bronzeschild aus der Themse bei Battersea, London, England (etwa 1. Jahrhundert n. Chr.). Solche dekorativen Objekte warfen keltische Krieger offenbar absichtlich als Opfergaben für die Wassergötter in Flüsse. Der Schild hat gewundene La-Tène-Muster, die im zentralen Rundteil zu abstrakten Gesichtern werden, und rote Glasornamente.

Gegenüber: „Die Druiden bringen den Mistelzweig" (von George Henry und E. A. Hornel, 1890). Ende des 19. Jahrhunderts versuchte man in Schottland, die keltische Kunst und Sprache wiederzubeleben. Dies war eines der ersten Gemälde dieser „Renaissance". Die antike literarische Quelle für dieses monatliche Ritual ist Plinius der Ältere. Er berichtet, am sechsten Tag des Mondes – der hier über den Berg steigt – erkletterten die Druiden eine heilige Eiche und schlugen mit einer goldenen Sichel den Mistelzweig ab. Zwei Stiere wurden geopfert. Die Druiden tragen hier keltischen und piktischen Schmuck. Ein Jahr später malten die beiden Künstler „Der Stern im Osten" als christliches Gegenstück. Christi Geburtstag fiel mit der heidnischen Wintersonnenwende zusammen, die den Rahmen für „Die Druiden" bildet.

„Wir sind die Söhne von Ferchar mac Ro", antworteten sie.

Conchobar war verzweifelt. „Ihr und eure Leute sollen reich belohnt werden, wenn ihr euch heute Nacht mir anschließt", bot er an.

„Behalte deinen Lohn", erwiderten die drei Brüder. „Wenn wir zu unserem Vater zurückkehren, wollen wir ihm von Heldentaten berichten, nicht von deinen Geschenken. Du hast die Söhne Uisnechs angegriffen, die dir von Geburt ebenso nahestehen wie wir. Warum solltest du uns besser behandeln?" Und die drei ruhmreichen Helden, groß und stattlich mit ihren rotbraunen Locken, die von der Hitze des Kampfes glänzten, gingen zurück ins Haus. „Nun müssen wir dich verlassen", sagten sie zu Deirdre und den Söhnen Uisnechs, „denn wir müssen unserem Vater berichten, dass wir unsere Pflicht erfüllt haben." Dann gingen sie hinaus in die Nacht.

Im Zwielicht der Morgendämmerung entschieden Deirdre und Naoise, Ainnle und Ardán, nach Alba zurückzukehren. Aber der König von Ulster hatte seine Späher und erfuhr bald, dass die Gruppe unterwegs war. Conchobar ließ seinen Druiden rufen, einen großen Magier namens Duanan Gacha. „Alles Geld, das ich für deine Ausbildung in der Zauberkunst ausgegeben habe, war nutzlos, wenn diese Männer Erin verlassen", sagte der König.

„Dank meiner Macht über die Natur kann ich sie leicht aufhalten", versicherte der Druide und versperrte ihnen den Weg mit einem dichten Wald. Doch die Söhne Uisnechs waren geübte Eberjäger und gingen schnurstracks hindurch. Naoise hielt Deirdre an der Hand.

„Da siehst du es!", rief der König. „Ich habe keine Macht über sie."

„Wir wollen sehen, ob sie meinen nächsten Zauber ebenso einfach finden", sagte der Druide, und dort, wo eben noch eine grüne Ebene gewesen war, befand sich nun ein graues Meer. Die Helden zogen sich aus, banden die Kleider um den Hals und schwammen ans andere Ufer, Deirdre auf Naoises Schultern.

„Da siehst du es!", rief der König. „Ich habe keine Macht über sie."

„Diesmal entkommen sie mir nicht", sagte Duanan Gacha und verwandelte das graue Meer in Felsen mit Natterngift an den scharfen Kanten. „Genug davon!", rief Ardán, und der beherzte Naoise nahm seinen Bruder und Deirdre auf die Schulter. Ardán starb bald, doch Naoise wollte ihn nicht im feindlichen Land zurücklassen. Ainnle stürzte als Nächster,

Oben: „Die klagende Deirdre" (schwarze Kreide von John Duncan, 1866–1945). Der schottische Dichter William Sharp, der auch unter dem Pseudonym Fiona Macleod schrieb, behandelte die Tragödie in dem Schauspiel *The House of Usna*, das 1900 im Londoner Globe aufgeführt wurde. Duncans Gemälde trägt kein Datum, aber er stützte sich oft auf die gleichen Quellen wie die Dichter und schuf so die sichtbare Komponente der schottisch-keltischen Renaissance. In seine Bilder integrierte er keltische Muster, um ihnen ein authentisches Flair zu verleihen.

und auch ihn nahm Naoise auf den Rücken. Bald spürte er, dass Ainnles Griff nachließ, und als er sah, dass sein Bruder tot war, kümmerte es Naoise nicht mehr, ob er selbst leben oder sterben würde. Sein Herz brach, und er stieß den bitteren Seufzer des Todes aus.

„Ich habe die Söhne Uisnechs besiegt, wie Ihr es gewünscht habt!", rief der Druide. „Jetzt kannst du deine Frau holen, die ich unversehrt gelassen habe."

„Deine Ausbildung hat sich also doch gelohnt", sagte Conchobar. „Hebe deinen Zauberbann auf, und zeige mir mein

Weib Deirdre." Duanan Gacha tat, was ihm befohlen wurde, und sie blickten auf die Ebene hinab. Dort sahen sie die drei Söhne Uisnechs Seite an Seite auf der grünen Wiese liegen, und über sie beugte sich Deirdre, die weinte und klagte:

„O Naoise, mein herrlichster Krieger, Blume aller Männer, mein Liebster. Du warst so groß und stark, mein Mann mit den strahlenden blauen Augen, und du hast deine Frau innig geliebt. Nie werde ich den Klang deiner Stimme vergessen, als wir uns im Wald von Erin begegneten: klar und ohne Falsch wie Quellwasser. Fortan kann ich nicht mehr essen, trinken oder die einst so liebliche Welt anlächeln. Möge mein Herz heute nicht brechen, denn die Gezeiten unserer alltäglichen Sorgen sind stark, aber ich bin die Sorge selbst, o Conchobar." Und sie sah den König an, der an alldem schuld war.

Die Menschen in Ulster schauten zu und fragten ihren König, was mit den drei toten Helden geschehen solle. Conchobar befahl, sie nebeneinander zu begraben. Deirdre blieb, als das Grab ausgehoben wurde, und forderte die Männer auf, es größer als notwendig zu machen. Die Söhne Uisnechs wurden ins Grab gelegt, und Deirdre sang ihr Totenlied:

Mögen Ardán und Ainnle beieinanderliegen.
So wie sie im Leben zusammenstanden.
Möge Naoise Platz für seine geliebte Deirdre lassen,
Denn auch im Tod bleibt sie seine Frau.

Deirdre sprang ins Grab, wie der Lachs im tosenden Fluss oder der Hirsch an den Berghängen springt. Sie legte sich neben Naoise, den Sohn Uisnechs, und sie lagen im Tod Hand in Hand. Doch Conchobars Liebe für Deirdre überdauerte den Tod, und er ließ sie herausholen und am anderen Ufer des Sees begraben.

Als die Männer in der Dämmerung abzogen, wuchs eine Bergtanne aus Deirdres Grab und eine zweite aus Naoises Grab. Sie wuchsen aufeinander zu und umfingen einander liebevoll über dem stillen Wasser. Der König ließ sie fällen, aber sie wuchsen nach.

Links: „Ossians Grab", ein jungsteinzeitliches Grab oberhalb von Glenann, Grafschaft Antrim, Irland (um 2500 v. Chr.). Die monumentalen Steingräber der frühen Kulturen galten bei den Kelten als heilig. Wahrscheinlich wurde dieses Grab unter dem Einfluss der – fiktiven – Werke Ossians von James Macpherson aus dem 18. Jahrhundert dem irischen Helden Ossian (Oisín) zugeschrieben.

KAPITEL DREI

Die Tragödie der Kinder Lirs – eine der drei traurigen Erzählungen von Erin

Dies ist eine der drei traurigen Erzählungen von Erin. Es ist ungewiss, wie alt die Geschichte von den Kindern Lirs ist, denn der älteste erhaltene Text stammt aus dem 18. Jahrhundert und wurde stark christianisiert. Der christliche Schluss, in dem die Kinder wieder in Menschen verwandelt und getauft werden, bevor sie sterben, wurde hier geändert, obwohl diese Episode vielleicht auch in einer heidnischen Version enthalten war. Die Schwanenkinder leben in einer Feenwelt der ewigen Jugend. Die Silberketten, die sie verbinden, weisen darauf hin, dass sie Feen sind, und sobald die Ketten entfernt werden, kehren sie in die menschliche Welt zurück. Die christliche Version übernahm die heidnischen Elemente und demonstrierte mit dem geänderten Schluss den Triumph der neuen Religion.

Die heidnisch-keltischen Elemente der folgenden Fassung schließen zwei Themen ein, die in irischen Sagen äußerst beliebt sind: die Stiefmutter und die Unverletzlichkeit der Schwäne. Die verschlungenen Verse sind typisch für keltische Geschichten und wurden wahrscheinlich gesungen.

Die fünf Könige von Irland versammelten sich eines Tages, um einen Hochkönig von Erin zu wählen. Ihre Edlen wählten Bodb Derg, weil er der älteste Sohn des geachteten Druiden Dagda war. König Lir verließ die anderen im Zorn, denn er hatte erwartet, selbst Hochkönig zu werden. Die verbliebenen Könige wollten ihm nachreiten und als Verräter mit Schwert und Speer verwunden, aber Bodb hielt sie zurück. „Um des Friedens willen werden wir ihn zu unserem Gefolgsmann machen und ihm mitteilen, dass er sich eine der drei schönen Töchter Oilells von Aran, meinen Ziehkindern, zum Weibe nehmen darf."

Boten wurden zum Hügel des weißen Feldes gesandt, wo König Lir Hof hielt. Er nahm das Angebot an und brach am nächsten Tag mit fünfzig Wagen zum See des roten Auges nach Killaloe auf. Dort wartete König Bodb mit den drei Töchtern Oilells auf ihn. „Nimm die Maid, an der du Gefallen findest", sagte er.

„Ich kann nicht entscheiden, welche am schönsten ist", erwiderte Lir. „Darum nehme ich die Älteste, denn sie ist am edelsten."

„Aeb ist die Älteste, und sie ist dein, wenn es dein Wille ist", erklärte Bodb.

Mit Aeb als Braut ritt Lir zurück. Bald gebar sie eine Tochter und einen Sohn, Fionula und Aed. Zwei weitere Söhne, Fiachra und Conn, folgten; doch bei ihrer Geburt starb Aeb. Lir hatte seine Frau innig geliebt, und sein Herz wäre gebrochen, hätte er für seine vier Kinder nicht ebenso viel Liebe empfunden.

Als König Bodb die Nachricht erhielt, hatte er Mitleid mit Lir und bot ihm Aebs Schwester Aoife zur Frau an. Sie heirateten und lebten einige Zeit glücklich zusammen. Doch Aoife wurde eifersüchtig auf die Kinder, die Lieblinge am Hofe. Darum fuhr sie mit ihnen in ihrem Wagen fort. Fionula wehrte sich, denn sie hatte in der Nacht schreckliche Dinge über ihre Stiefmutter geträumt. Aber ihr Schicksal war besiegelt, und sie stieg in den Wagen.

Als die fünf am See der Eichen ankamen, rief Aoife den dort lebenden Leuten zu: „Ich gebe euch alles, was ihr begehrt, wenn ihr die vier Kinder Lirs tötet." Doch die Menschen wollten nichts mit ihr zu tun haben. Dann befahl sie den Kindern, im See zu schwimmen, und verzauberte sie mit einem Stab, den ihr ein Druide gegeben hatte. Während sie den Stab hielt, legte sie den Kindern silberne Ketten um den Hals und sang den Zauberspruch über dem Wasser:

Ins Wasser, ihr wilde, königliche Brut von Lir!
Für immer sollen eure Schreie unter den Vögeln verhallen.

Sofort begannen den vier Kinder Federn zu wachsen, und bald waren aus ihnen schöne Schwäne von reinstem Weiß geworden. Und Fionula sang:

Wir wissen, wer du bist, du Hexe!
Du hast die Macht, uns im See schwimmen zu lassen,
Aber wir werden am Ufer ruhen, wann immer wir wollen,
Uns wird man trösten, dir wird man fluchen.
Obwohl du uns jetzt auf den Wellen siehst,
Ist unser Geist auf dem Weg nach Hause.

„Befreie uns vom Zauberbann", rief Fionula. – „Niemals!", lachte Aoife. „Es sei denn, Lairgnen von Connaught heiratet Deoch von Munster, und der Mann vom Norden ist mit der Frau vom Süden vereint. Neunhundert Jahre sollt ihr über die Seen und Flüsse Erins fliegen, und niemand wird den Fluch aufheben. Eines gewähre ich euch: Ihr sollt der menschlichen Sprache mächtig bleiben, und niemand soll euren Gesang übertreffen." Letzteres gewährte sie aus Reue. Dann sang sie:

Hinweg mit euch, Kinder von Lir,
Von nun an wird der Wind euch verspotten,
Bis Deoch und Lairgnen vereint sind
Und ihr im Nordwesten des roten Erin schwimmt.

Mein tückisches Schwert hat Lirs Herz durchbohrt,
Obwohl er im Kampf ein großer Held ist.
Doch das Schwert, das ihn verletzt,
Ist kein Sieg für mein wundes Herz.

Dann fuhr Aoife zum Schloss von König Bodb. „Wo sind die Kinder Lirs?", fragten die Höflinge.

Gegenüber: Dolmen bei Kilcloney, Grafschaft Donegal, Irland (um 2000 v. Chr.). Dolmen (Kromleche) sind Gräber, die ursprünglich von einem Erdhügel bedeckt waren. Viele Sagen umranken diese Bauten, die wie andere Stätten aus der Jungsteinzeit und Bronzezeit von den späteren Kelten oft wiederverwendet und fehlgedeutet oder mythologisiert wurden.

Rechts: Torques aus Trichtingen, Deutschland (etwa 2. Jahrhundert v. Chr.). Die in einem eher linearen, östlichen Stil verzierten Stierköpfe symbolisieren die Kraft und Männlichkeit keltischer Krieger.

„König Lir vertraut Bodbs Hof nicht", erwiderte sie. Doch Bodb wurde misstrauisch und schickte Boten zu Lir, um sich nach den Kindern zu erkundigen. „Sind sie denn nicht bei Aoife am Hofe von Bodb?", fragte Lir.

„Nein", antworteten die Boten, „und Aoife sagt, dass du sie nicht bei Bodb lassen willst."

Beunruhigt fuhr Lir mit seinen Wagen zum See des roten Auges, wo seine Kinder waren. Die Schwäne kündigten sein Kommen an, und Fionula sang:

Wir grüßen die Reiter
Die sich dem See des roten Auges nähern.
Sind dies Männer mit Macht und Magie,
Die uns auf den Wellen suchen?

Gegenüber: „Die Kinder Lirs" (Bronzeskulptur von Oisin Kelly, Garden of Remembrance, Phoenix Park, Dublin; errichtet 1966 zum Gedenken an den Aufstand Ostern 1916). Der Bildhauer hat den Augenblick der Verwandlung vom Menschen zum Tier als mythologische Metapher für die politische Befreiung festgehalten.

Eilt ans Ufer, Brüder Aed,
Fiachra und du, schöner Conn,
Denn diese Männer sind keine Fremden,
Sondern unser Vater Lir und seine Leute.

Lir hörte die herrlichen menschlichen Stimmen der Schwäne und fragte sie nach ihren Namen. „Wir sind die Kinder Lirs", riefen sie. „Unsere Stiefmutter hat uns verzaubert, wie ihr alle seht, und nur die Hochzeit von Lairgnen und Deoch kann uns vom Fluch erlösen."

Die Schwäne sangen ihre wilden, traurigen Lieder, und Lir und seine Männer weinten und tobten, bis die Schwäne wegflogen. Dann fuhr Lir zu Bodb und berichtete ihm vom Verrat seiner zweiten Frau.

„Welches Geschöpf", fragte der König Aoife, „möchtest du in dieser Welt der Gestalten keinesfalls sein?"

„Nun", antwortete sie, „niemand möchte ein Dämon der Lüfte werden."

„Dann sollst du in einen solchen verwandelt werden", sagte Bodb und deutete mit dem Stab seines Druiden auf Aoife. Sofort wurde ihr Gesicht dämonisch, und ihre spitzen Flügel trugen sie hoch in die Luft. Sie würde bis ans Ende der Zeit ein Luftdämon bleiben.

Oben: „Fleischhaken“ aus der Grafschaft Antrim, Irland (etwa 6. Jahrhundert v. Chr.). Die Vögel, vermutlich Gänse, wurden im schlichten, geometrischen Hallstattstil gefertigt. Der Zweck des Objekts ist unklar: Wasservögel und Gänse kommen in der keltischen Kunst und Mythologie häufig vor, sowohl in heiligen als auch in profanen Texten. Deshalb eigneten sich solche Dekors sowohl für Bankette als auch für Rituale.

Gegenüber: „Die Kinder Lirs“ (Tempera von John Duncan, 1866–1945). Duncan malte hier die Begegnung der Kinder im Sturm auf dem Seehundfelsen. Verwandeln sie sich – mit der Ankunft des Christentums – wieder in Menschen, oder hat Duncan sie aus narrativen Gründen einfach in verschiedenen Stadien ihrer menschlichen oder tierischen Gestalt dargestellt? Offenbar warten sie auf etwas Furchtbares und zugleich Wundervolles.

Links: Figurative Kragsteine an der Außenseite der Kirche von Kilpeck bei Hereford, England (12. Jahrhundert). Das Innere der Kirche dekorierten die Steinmetze mit christlichen Heiligen, das Äußere mit Gestalten aus dem keltischen Heidentum. So setzten sie Christentum und Heidentum voneinander ab. Die Fruchtbarkeitsgöttin Sheila-na-Gig (irisch für Sheilagh mit Brüsten, ganz links) ist wahrscheinlich apotropäisch und soll den „bösen Blick“ abwehren. Der gaffende Tierkopf (links) hat den gleichen Zweck. Die großen, starren Augen und die keilförmige Nase sind typisch keltisch.

Oben: Din Lligwy, Anglesey, Wales (etwa 4. Jahrhundert n. Chr.). Eine gut erhaltene britische Siedlung aus der späten römischen Periode. Die alte keltische Kultur überlebte in solchen Regionen; die runden und rechteckigen Hütten stehen in lebhaftem Kontrast zu den heutigen römischen Luxusvillen in Südengland.

Die Kinder Lirs sangen ihre traurigen Lieder für die Stämme, die am See des roten Auges lebten, bis sie spürten, dass sie weiterziehen mussten. Fionula sang zu den Leuten von Bodb und Lir, die am Ufer standen:

Leb wohl, Bodb, unser König,
Der die Kunst der Druiden beherrscht!
Und leb wohl, lieber Vater,
König Lir vom Berg des weißen Feldes!

Wir ziehen weiter, um unsere letzten Tage
Fern der Menschen zu leben.
Im Moyle werden wir schwimmen bei Ebbe und Flut,
Mit bitteren, salzigen Federn.

Bis Deoch und Lairgnen vereint sind,
Lasst uns fliegen, ihr Brüder mit den einst roten Wangen.
Den See des roten Auges verlassen wir
Voller Trauer um alle, die wir lieben.

Sie flogen hoch hinauf in den Himmel, bis sie nicht mehr zu sehen waren, und rasteten erst, als sie das Meer von Moyle erreichten, dessen Wasser Erin und Alba trennt. Die Menschen von Erin waren so betrübt über den Verlust der Schwäne, dass sie das Töten von Schwänen gesetzlich verboten.

Die Kinder froren und waren einsam, und ein starker Sturm zog auf. Fionula schlug vor, einen Treffpunkt zu vereinbaren, falls sie im Unwetter getrennt würden. „Versammeln wir uns doch auf dem Seehundfelsen", sagten ihre Brüder. Blitze zuckten, und der Donner grollte, und schon wurden sie auf der tobenden See auseinandergerissen. Als der Sturm sich gelegt hatte, sang Fionula:

Ich wünschte, ich wäre gestorben im wilden Wasser.
Denn meine Flügel sind zu Eis erstarrt.
Meine drei Brüder, kommt zurück
Und verbergt euch wieder unter meinen Flügeln.
Doch ich weiß, das kann niemals sein,
Wenn nicht Tote aus ihren Gräbern steigen!

Sie flog zum Seehundfelsen, und zwei ihrer Brüder, Conn und Fiachra, erschienen. Ihre Flügel waren schwer vom Salzwasser, das der Sturm aufgewirbelt hatte. Fionula nahm sie unter ihre Flügel. „Wenn doch nur unser Bruder Aed bei uns wäre", klagte sie, „dann wären wir glücklich."

Aed kam mit trockenem Kopf und trockenen, geputzten Federn herbei. Fionula drückte ihn an die Brust und behielt Conn und Fiachra unter den Flügeln. Dann sang sie:

Der magische Fluch einer bösen Frau
Hat uns ins Nordmeer verbannt.
Verwandelt von ihr, leben wir nun
Als verzauberte Schwäne.

Jetzt ist das Meer unser Bad,
Der salzige Schaum der schweren Wellen,
Und das einzige Bier, das wir schlürfen beim Fest,
Ist der salzige Trank der tiefblauen Flut.

Eines Tages kamen strahlend weiße Pferde angaloppiert, und die Schwanenkinder erkannten die beiden Söhne von Bodb. „Der König, unser Vater", sagten sie, „und euer Vater Lir leben und sind gesund; aber sie sind nicht mehr glücklich, seit ihr den See des roten Auges verlassen habt." Dann besang Fionula ihr Schicksal:

Im Schloss gibt es heute Fleisch und Wein,
Am Hof von Lir wird gelacht.
Doch was ist aus Lirs Kindern geworden?
Unsere Federn sind unser Bett,
Unsere Speise ist der weiße Sand,
Unser Wein ist das tiefblaue Meer.
Unter meinen Federn ruhen Fiachra und Conn,
Unter meinen Flügeln segeln sie auf dem Moyle,
Und an meiner Brust liegt Aed, der Liebe.
Zusammen liegen wir im Federbett.

Die Söhne Bodbs kehrten zurück und berichteten, was sie gesehen hatten, und erzählten von dem schönen Lied, das sie gehört hatten.

Die Strömung des Moyle trug die Kinder Lirs zur Bucht von Erris, wo sie bis zu dem schicksalhaften Tag blieben, an dem sie zum Berg des weißen Feldes zurückkehren mussten. Dort fanden sie alles in schrecklichem Zustand vor; nur Nesseln wuchsen, wo einst die hohen Mauern der Häuser gestanden hatten. Dreimal schrien sie vor Kummer. Dann sang Fionula:

Wie traurig für mich, die Säle
Meines Vaters so zerfallen zu sehen.
Hier liefen einst Hunde,
Hier lachten Frauen und galante Ritter.

Hier war das Klirren von Bechern zu hören,
Der Klang von Hörnern und Holz beim Feiern.
Jetzt liegt alles in Trümmern,
Und mein Vater ist tot und vergessen.

Und wir, seine Kinder, wandern seit Jahren
Und spüren den grausamen, kalten Wind.
Doch der härteste Schlag ist die Rückkehr
An diesen verlassenen Ort.

Dann flogen die Schwäne zu den lieblichen Inseln des Westens. Inzwischen war die Prophezeiung Fionulas wahr geworden: Deoch, die Prinzessin von Munster, hatte versprochen, Lairgren, den Prinzen von Connaught, zu heiraten. Aber zuerst sollte Lairgren ihr die herrlichen Schwäne bringen. Der Prinz fand sie auf dem See der Vögel, wo sie glücklich herumschwammen. Er ruderte zu ihnen hinaus und löste ihre silbernen Ketten. Sofort wurden sie wieder zu Menschen; doch die Knaben waren zu knochigen Greisen geworden, und Fionula war jetzt eine gebeugte, schrullige Alte. Sie starben innerhalb einer Stunde und wurden so zur Ruhe gebettet, wie sie gelebt hatten: Fiachra und Conn zu beiden Seiten Fionulas und Aed an ihrer Brust.

Rechts: Grab aus der Bronzezeit (Shovel Down, Dartmoor, England; um 1000 v. Chr.). Im westbritischen Hochland ist die keltische Landschaft am besten erhalten geblieben. Hier findet man Bauernhöfe aus der Eisenzeit, Grenzlinien zwischen den Feldern sowie Steinkreuze und Grabhügel aus der vorangegangenen Bronzezeit.

Keltische Geschichtenerzähler

Unser Wissen über die frühen heidnisch-keltischen Dichter verdanken wir hauptsächlich den Berichten ihrer griechischen und römischen Zeitgenossen. Diodor von Sizilien schrieb im 1. Jahrhundert v. Chr., bei den gallischen Kelten gäbe es „lyrische Poeten, Barden genannt, die ihre Lieder, darunter Loblieder und Satiren, auf Instrumenten begleiten, welche Leiern gleichen“ (Buch V, 31). Daraus lässt sich schließen, dass die Barden eine wichtige soziale Rolle spielten. Man beauftragte sie, Lieder zu schreiben, die ihre Mäzene lobten, aber auch deren Feinde beschimpften.

Oben: Bartzupfer und Tiere aus dem *Buch von Kells* (irisch, 8.–9. Jahrhundert n. Chr.). Die christlichen Schreiber illustrierten ihre Texte mit Motiven aus der heidnisch-keltischen Vergangenheit. Die verschlungenen Menschen- und Tierfiguren symbolisieren den tierischen Charakter des Menschen und der Natur in den Augen der neuen Religion.

Die Barden, die Diodor erwähnt, schrieben ihre Lieder im Gegensatz zu den klassischen Dichtern nicht auf, vielmehr gaben die Lehrer sie wie im vorgeschichtlichen Griechenland mündlich an ihre Schüler weiter. Und wie diese frühen griechischen Poeten galt der Barde als eine Art Priester, der religiöse Mysterien an künftige Generationen weiterreichte. Dies könnte der Grund für viele unerklärliche Aspekte der Mythen sein. Diodor erwähnt in derselben Passage, sie hätten „mit wenigen Worten und in Rätseln gesprochen, meist dunkle Andeutungen gemacht, ein Wort benutzt, wenn sie ein anderes meinten, und zudem Superlative verwendet, um ihre Leistung hervorzuheben und die der anderen zu schmälern“.

Die erhaltenen keltischen Mythen künden auch vom Status der Dichter. In der Geschichte über den *Traum von Rhonabwy* im *Mabinogion* singt ein Poet ein Loblied, das nur seine Kollegen verstehen. Im Mittelalter lebten Barden bei übrig gebliebenen keltischen Adligen; sie wurden gut bezahlt und genossen hohes Ansehen. Es gab auch fahrende Sänger, die für ihre Lieder meist einen geringen Lohn bekamen, aber dazu beitrugen, dass die mündliche Überlieferung erhalten blieb, denn sie trugen ihre Lieder quer durch Britannien und Europa. Damals entstanden auch die ersten schriftlichen Fassungen der Mythen, die jedoch oft stark christianisiert wurden, weil die Schreiber gewöhnlich Mönche waren.

Schließlich gab und gibt es Geschichtenerzähler, die seit undenklichen Zeiten Heldenmythen und Volkssagen erzählen, wo immer man ihnen zuhört. Man findet sie noch in entlegeneren keltischen Gebieten, und ihr Gedächtnis ist legendär. Ein Fischer in Barra versicherte, er habe als Kind fünfzehn Jahre lang jeden Abend demselben Geschichtenerzähler gelauscht, und dieser habe kaum eine Geschichte wiederholt.

Die „hohe“ bardische Tradition hat beim jährlichen Treffen im walisischen Eisteddfod überlebt, aber es gibt Versuche, sie auch in weniger formellem Rahmen neu zu beleben. Der britische Sänger und Harfenist Robin Williamson gibt die keltischen Heldensagen als gesprochene oder gesungene Dichtung zum Besten, begleitet von seiner keltischen Harfe. Der bretonische Künstler Alan Stivell erschafft die keltischen Mythen der Bretagne auf ähnliche Weise neu. Für Interessierte ist die Tradition also immer noch sehr lebendig.

Unten: Robin Williamson. Der schottische Liedermacher und Geschichtenerzähler begleitet sich oft selbst an der Harfe. Er war in den Sechzigerjahren Mitbegründer der Incredible String Band und hat in jüngerer Zeit keltische Mythen und Sagen gesungen und gesprochen. Außerdem war er Komponist und Texter eines Theaterstücks nach dem *Mabinogion* und der Begleitmusik zu einer Fernsehdokumentation über die walisische Geschichte.

Oben: Schreiber mit Buch (angelsächsische Elfenbeinschnitzerei). Mönche waren die Einzigen, die schreiben konnten und die Zeit und die Fähigkeit besaßen, mündlich überlieferte keltische Mythen schriftlich festzuhalten.

KAPITEL VIER

Die Kunst der Beschreibung in der keltischen Mythologie

Keltische Geschichtenerzähler waren überaus geschickt, wenn es galt, imaginäre Welten, fantastische Tiere und übermenschliche Gestalten fesselnd zu beschreiben. Helle Farben und bis ins Detail stimmige Landschaften, Menschen und Kleider sind die Hauptmerkmale dieser Beschreibungen. Sie spiegeln die ähnlich üppigen Farben und Details der keltischen bildenden Kunst wider. Dass Frauen meist sehr voyeuristisch und unrealistisch dargestellt wurden, überrascht nicht, denn die Geschichtenerzähler waren Männer. Aus demselben Grund rühmten die Autoren die kriegerischen Züge ihrer männlichen Charaktere.

Fantasielandschaften – Die Entdeckung des Paradieses auf Erden

Der Sturm war vorbei, und der Wind blies jetzt sanft, und die Seefahrer hissten die Segel. Stille herrschte auf dem weiten Meer; der Wellengang ließ nach, und es war hell und ruhig. Unbekannte Vögel sangen. Ein anmutiges Land mit schöner Küste lag vor den jubelnden Seeleuten. Sie segelten näher ans Ufer und gelangten in eine herrliche Flussmündung. Grünes Laub ragte über den Strand, auf dem silberne Kiesel lagen, und im klaren Wasser flitzten stattliche Lachse mit prachtvollen dunkelroten Schuppen. Die Männer schauten sich um und freuten sich über die lieblichen Bäche, die den lila gesprenkelten Wald durchzogen.

Taghd, der irische Prinz von Munster, stand am Bug und sprach zu seinen Männern: „Das muss die Insel unserer Träume sein. Sie ist mit Früchten und den lieblichsten Dingen gesegnet. Wir werden ans Ufer gehen. Zieht das Schiff an Land, damit es nach dem Sturm trocknen kann." Zwanzig starke Krieger machten sich mit Taghd auf den Weg, und wie durch ein Wunder spürten sie kein Verlangen nach Essen oder nach einem Lagerfeuer, obwohl sie Wind und Regen, Kälte und Hunger hinter sich hatten. Es war genug und mehr als genug, den würzigen Duft der Bäume einzuatmen, deren purpurrote Blüten leuchteten.

Taghd führte sie in den Wald neben dem Weg, und bald kamen sie an einen Obstgarten. Hier wuchsen prächtige Apfelbäume mit Purpursaum, Eichen mit herrlich gefärbten Blättern und Haselsträucher, die mit hellgelben Nüssen übersät waren. „Wie wundervoll", sagte Taghd. „Zu Hause ist es Winter, doch hier regiert der Sommer!"

Immer mehr wundervolle Plätze entdeckten sie in diesem Land. Als sie den Obstgarten verließen, kamen sie in einen Wald ohne Schatten mit runden, herrlich duftenden purpurroten Beeren, so groß wie Männerköpfe. Die Vögel, die diese Beeren fraßen, waren weiß mit lila Köpfen und goldenen Schnäbeln. Sie sangen die Lieder der fahrenden Sänger, und ihre Musik klang wehmütig und doch so tröstlich, dass sie sogar verwundete Krieger in den Schlaf gelullt hätte ...

Anonymer irischer Autor des 14. oder 15. Jahrhunderts

Die Fantasiefrau – eine Vision der Fee Étaín

Die Männer erblickten an der Quelle eine Frau. In ihrer Hand funkelte ein silberner Kamm, verziert mit Gold, und sie wusch ihr Haar in einer Schale aus gehämmertem Silber mit rötlich funkelnden Edelsteinen am Rand. Als sie die Schale drehte, sahen sie vier eingelegte goldene Vögel an der Außenseite. Die Frau trug das lila gefärbte Fell eines schönen, zottigen Schafes und auf den Schultern silberne Broschen aus gewundenem Filigran mit goldenem Zierrat. Unter dem Mantel trug sie einen festen und doch weichen Kittel aus grüner Seide mit einer langen Kapuze, bestickt mit rötlichem Goldfaden. Über den Brüsten, Schultern und Schulterblättern war er mit ineinander verschlungenen exotischen Tieren aus Gold und Silber geschmückt. Das Gold funkelte auf seinem seidig grünen Hintergrund in der Sonne.

Ihr goldblondes Haar war zu zwei langen Zöpfen geflochten. Jeder bestand aus vier Strähnen, und am Ende jeder Strähne hing eine Perle. Einigen der Männer schien ihr Haar wie die Farbe der Schwertlilie, die im Sommer im Sumpf wächst, andere meinten, es gleiche rötlichem poliertem Gold.

Rechts: Quellnymphen aus der Römerfestung bei High Rochester, Northumberland, England (steinerne Reliefskulptur, 3. Jahrhundert n. Chr.). In Nordengland wurden viele Heiligtümer der keltischen Wassergöttin Coventina gefunden. Dieses Relief könnte sowohl eine römische Göttin – die beim Baden gestörte Venus oder Diana – als auch Coventina darstellen, denn für keltische Götter wurde häufig die klassische Ikonografie übernommen. Der ursprüngliche Kontext ist nicht bekannt; die Römer benutzten die Skulptur in einem Wasserbehälter.

Gegenüber: Atlantikküste und Berge am Ring of Kerry, Irland. Hier bieten milde Winter günstige Bedingungen für die kontinentale Vegetation und die Weiden. In manchen Gegenden wachsen mediterrane Bäume. Kerry lag an den vorgeschichtlichen Routen der Einwanderer und Händler und hat viele Überreste seiner Vergangenheit bewahrt. Verständlicherweise wurden solche Landschaften zu Paradiesen mythologisiert.

Sie begann, ihr Haar zu lösen, und streckte die Arme, als sie ihre Kleidung ablegte. Die Arme waren gerade, aber weich, die Hände weiß wie Nachtschnee vor Sonnenaufgang, die Haut ihres Gesichtes rein und die Wangen rot angehaucht wie der Fingerhut auf dem Moor. Wie die Flügel des Schwarzkäfers waren ihre Augenbrauen, wie Perlen ihre Zähne, wie die strahlend blauen Sternblüten des Borretschs ihre Augen, wie hellroter Zinnober ihre Lippen. Ihre sanften, glatten Schultern standen hoch und breit, ihre Finger waren von reinstem Weiß, lang und schlank wie ihre Arme; und lang, schlank und weich wie schmiegsame Wolle waren ihre weißen Seiten, wie der Schaum auf dem Wellenkamm. Glatt, glänzend und geschmeidig waren ihre warmen weißen Schenkel, ihre kleinen, festen Knie weiß und rund, ihre weißen Schienbeine kurz und gerade. Sie stand aufrecht und sicher auf den Fersen, die von hinten lieblich wirkten. Hätte man einen Maßstab an ihre Füße gelegt, kein Fehl hätte man gefunden, es sei denn, unter zu starkem Druck wäre eine Wölbung entstanden.

Der helle Glanz des steigenden Mondes schimmerte in ihrem edlen Antlitz; ihre glatte Stirn war hoch und würdevoll; ihre königlichen Augen strahlten Verlangen aus; ihre Wangen hatten Grübchen, bald purpurrot wie das Blut des

Links: Bronzegürtelschnalle aus dem deutschen Tirol (4. Jahrhundert v. Chr.). Frühe La-Tène-Künstler bevorzugten fließende Rankenmuster. Hier wurden „Drachen“ (oder möglicherweise stilisierte Pferde) und Menschengestalten mit einem solchen Fantasiemotiv verbunden. Unabhängig vom Bildmotiv symbolisiert es vermutlich die Macht des Menschen – oder Gottes – über die Tiere und war daher eine passende Dekoration für die aristokratischen Krieger.

verspielten Kalbes, bald weiß glänzend wie Schnee. Ihre Stimme klang vornehm und sanft; sie ging, wie es einer Königin geziemt, mit ruhigen und würdevollen Schritten. Sie war die vollkommenste Frau der Welt, so schön und liebreizend, dass sie nie zu hoffen gewagt hätten, dergleichen zu sehen.

Anonymer Autor des 9. Jahrhunderts

Fantasiemänner – Helden am Hofe König Artus'

Morvan, der Sohn von Tegid, war so hässlich, dass man ihn für einen bösen Dämon hielt. Darum wurde er in Artus' letzter Schlacht in Camlan gemieden. Er war behaart wie ein Hirsch. Auch Sandde Engelsgesicht blieb bei dieser Schlacht unverletzt, jedoch aus anderem Grund: Er war so schön, dass man ihn für einen Engel hielt.

Drei Männer, alle Söhne Erims, waren für ihre magische Schnelligkeit bekannt. Henbeddestr konnte schneller als alle anderen laufen, selbst wenn sie ritten. Henwas der Geflügelte konnte selbst über kürzeste Entfernungen schneller laufen als jeder Mann und jedes vierfüßige Tier. Und Scilti den Leichtfüßigen wählte Artus oft als Boten aus, weil er keine Straßen brauchte, sondern den kürzesten Weg nahm. Dabei berührte er die Baumwipfel und übersprang die Sumpfbinsen auf den Berghängen. Scilti war so flink, dass er niemals die Binsen bog oder brach, auf die er trat.

Teithi der Ältere, Sohn von Gwynham, der nur knapp entkam, als das Meer sein Land überflutete, war an Artus' Hof gekommen. Ein magischer Fluch lag auf seinem Messer, sodass kein Griff daraufpasste. Darum lebte er in Krankheit und Elend und starb daran.

Drem, der Sohn von Dremidydd, hatte so gute Augen, dass er von Cellig Wig in Cornwall aus im Licht der aufgehenden Sonne eine Stechmücke im schottischen Penn Blathon sehen konnte.

Cynyr mit dem schönen Bart – manche meinen, Kai sei sein Sohn gewesen – sagte einst zu seiner Frau: „Wenn dein Sohn mir ein bisschen ähnlich ist, wird ein Zauber ihm die Herzenswärme rauben und ihn dickköpfig machen. Er wird magische Fähigkeiten besitzen: Niemand wird je sehen, was er trägt, weder von vorne noch von hinten, einerlei, wie klein es ist. Mehr als jeder andere wird er gegen Feuer und Wasser gefeit sein, und er wird der treuste Knappe und Höfling werden."

Dann war da noch Gwallgoig, der mit seinen körperlichen Bedürfnissen ganze Städte wachhielt, wenn er über Nacht blieb. Niemand fand Schlaf.

Osla mit dem großen Messer, der eine kurze, breite Waffe an der Hüfte trug, war für Artus ein Segen, wenn er mit seinem Heer an einen wilden Fluss kam. Osla legte sein Messer in der Scheide an der schmalsten Stelle über den tosenden Fluss, sodass es eine Brücke bildete, breit genug, um das Heer der drei britischen Länder und ihrer Inseln (England, Wales und Schottland; Anglesey, die Isle of Man und die Isle of Wight) ans andere Ufer zu bringen.

Gilla mit den Hirschbeinen war Irlands bester Weitspringer: Über dreihundert Äcker sprang er mit einem Satz.

Es gab noch drei weitere große Helden: Sol, der einen Tag lang auf einem Fuß stehen konnte; Gwaddn Osol, der einen Berg einebnen konnte, indem er ihn bestieg; und Gwaddn, der Feurige, ein Segen für Artus, wenn sein Heer auf ein Hindernis aus Holz stieß, denn seine mit Metall beschlagenen Sohlen waren so groß wie rot glühende Eisenstücke aus der Esse und sprühten Funken.

Die beiden großen Esser waren Hir Erwm und Hir Atrwm. An Festtagen wurden für sie dreihundert Städte geplündert. Dann aßen sie bis zum Mittag und tranken bis in die Nacht, und auch im Bett hörten sie nicht auf zu essen, sondern bissen den Ratten die Köpfe ab. Wenn sie eingeladen wurden, verschlangen sie alles Fleisch, mager oder fett, heiß oder kalt, süß oder sauer, frisch oder gesalzen. Ein anderer Esser war Huarwar, der Sohn von Halwn, der nur lächelte, wenn er satt war. Eine der drei großen Plagen des westlichen Landes war die Folge seiner Forderung, Artus möge ihm erlauben, sich satt zu essen.

Es gab auch noch außergewöhnlichere Helden. Sugn, der Sohn von Sugnedudd, konnte das Meer unter bis zu dreihundert Schiffen wegtrinken, sodass nur trockener Boden zurückblieb. Er litt oft an gewaltigem Sodbrennen. Cachamwri, ein Diener Artus', konnte einen Weg durch eine Scheune bahnen, in der die Ernte von dreihundert gepflügten Feldern lag. Er drosch mit seinem eisernen Flegel drauflos, bis die Splitter der Holzpfosten, Dachsparren und Querbalken, die auf dem Boden lagen, so zahlreich waren wie die Körner. Wenn Gwefl, der Sohn von Gwastad, schmollte, hing ihm die Unterlippe bis zum Nabel, und er zog die Oberlippe als Mütze über den Kopf. Der Bart von Uchdryd Kreuzbart war so lang, dass er seine borstigen und roten

Links: Bronzearmband aus Pitkelloney, Tayside, Schottland (etwa 1. Jahrhundert v. Chr.). Dieses massive Schmuckstück für Krieger war ursprünglich poliert und glänzend wie alle anderen keltischen Bronzeobjekte. Rote und gelbe Emaille-Intarsien sorgten für zusätzliche Farbe.

Stränge über die fünfzig Dachsparren von Artus' Saal werfen musste, wenn er ihn besuchte.

Andere hatten vorzügliche Sinne. Man hätte Clust, den Sohn Clustfeinads, sieben Faden tief begraben können, und er hätte dennoch eine Ameise gehört, die in fünfzig Meilen Entfernung morgens munter wurde. Medr, der Sohn Medredydds, konnte von Celli Wig in Cornwall aus einem Zaunkönig im irischen Esgeir Oerfel durch die Beine schießen. Gwiawn Katzenauge war in der Lage, einer Stechmücke das Augenlid abzuschneiden, ohne das Auge zu verletzen. Kai, der bereits erwähnt wurde, hielt unter Wasser neun Tage und Nächte lang den Atem an. Kein Arzt vermochte seinen Schwerthieb zu heilen. Er konnte sich so groß machen, dass er über die Bäume sah. Seine Körperhitze war so groß, dass alles, was er anfasste, im Regen trocken blieb, und wenn seine Gefährten froren, diente er als Anzünder für ihr Feuer.

Anonymer walisischer Autor des 10. Jahrhunderts

Feenlandschaft – Die Frau aus dem Land des ewigen Lebens

Zwei Krieger bestiegen den Uisnech: Conn der hundert Schlachten und sein rothaariger Sohn Conle, einer der Fianna, der hundertfünfzig furchtlosen Krieger, die Irland in die Schlachten führten. Über den Hügel kam eine Frau, so prächtig gekleidet, dass der junge Conle ausrief: „Woher kommst du, Frau?"

„Von Tir na mBeo, dem Land der Lebenden", antwortete sie, „und nicht aus deiner Welt, denn dort findest du keine Männer, die den Kampf suchen, und niemand stirbt. Wir feiern ohne Diener und hegen keinen Groll. Sieh dort." Die Frau deutete auf einen Grabhügel auf dem Gipfel. „Dort leben wir, und manche nennen uns das Feenvolk im Hügel."

„Mit wem sprichst du?", rief Conn, der die seltsame Frau nicht sehen konnte. Sie antwortete anstelle des verdutzten Conle: „Ich bin jung, schön und von hohem Stand, und ich werde nie altern und sterben. Ich bin in Liebe zu deinem rothaarigen Sohn entbrannt und biete ihm einen Platz am Hofe von König Boadhagh, der nicht mehr geweint hat, seitdem er die Ebene der Freude betreten hat. Kommst du mit, rothaariger Conle? Die Edelsteine an deinem Halsring funkeln in deinen Augen wie Kerzenflammen. Du wirst eine goldene Krone bekommen!"

Conn sagte zu seinem Druiden Corann: „Ich kann nicht gegen den Zauber dieser Frau kämpfen, trotz aller Schlachten, die ich gewonnen habe, seit ich König bin. Du besitzt die Macht der Lieder. Nutze sie, Corann, gegen diese unsichtbaren Kräfte, die mir meinen stattlichen Sohn nehmen wollen." Der erfahrene Druide sang sein magisches Lied, und niemand sah oder hörte die unheimliche Frau fortgehen. Nur einen Apfel ließ sie in der Hand des jungen Mannes zurück.

Einen Monat lang konnte Conle weder trinken noch essen, außer von seinem Apfel. Dennoch ließ er diesen

Links: Bronzehelm mit dekoriertem Halsschutz (britisch, 1. Jahrhundert n. Chr.). Die keltischen Kriegerhelme waren oft üppig verziert, je nach Rang des Trägers. Dieser hier ist ein eher schlichtes Beispiel mit einem Dekor im kargen, geschwungenen La-Tène-Stil. In den Löchern auf der Oberseite könnte jedoch ein Federbusch oder anderer Schmuck befestigt worden sein. Oft wurden keltische Krieger mit Tierwappen dargestellt, zum Beispiel mit Vögeln oder Ebern. Auch gehörnte Helme wurden getragen.

Oben: Gehörnter Krieger aus der römischen Küstenfestung Maryport, Cumbria, England (römisch-britisch). Dieses naive und grob geritzte Bild stellt einen nackten gehörnten Krieger mit Schild und Speer dar. Die Hörner und der erigierte Phallus sind Symbole seiner Männlichkeit: ein einfaches Bild des kampfbereiten Kriegers. Das frontal starrende Gesicht und die keilförmige Nase sind zwar primitiv, aber im hochkeltischen Stil gemeißelt.

unberührt neben seinem Bett liegen. Insgeheim sehnte er sich danach, die seltsame Frau wiederzusehen.

Es geschah auf der Ebene von Archommin. Er hielt sich bei seinem Vater auf, der ihn nicht aus den Augen lassen wollte, und dennoch erschien die Frau aus dem Nichts und sagte: „Ich sehe Conle auf einem hohen Thron, umgeben von den Toten. Er wartet darauf, bei ihnen zu sein. Komm ins Land der Lebenden, ehe es zu spät ist. Die Unsterblichen beobachten dich immerzu vom Hügel aus und warten auf dich."

Conn hörte die Stimme und rief nach seinem Druiden: „Du hast ihre böse Zunge von der Leine gelassen, Corann!" „Nein", erwiderte die Frau, „dein Druide ist der Böse. Eines Tages wird ein guter Mann ans Ufer steigen und dein Land von solchen schwarzen Magiern befreien."

Conn sah, dass ihre Worte seinen Sohn betörten. „Ich kann nichts dagegen tun!", rief Conle. „Ich liebe mein Volk innig, aber meine Sehnsucht nach dieser Frau ist zu groß."

Erneut sprach die Frau: „Du sehnst dich danach, auf der Woge deines Verlangens zu reiten und dich von deinem Volk loszureißen. In meinem Kristallschiff hätten wir den Feenhügel König Boadhaghs erreichen können. Das ist jetzt unmöglich, doch schau – in der sinkenden Sonne sehe ich ein anderes Land für dich. Es ist weit entfernt, aber wir können dort sein, wenn es Nacht wird. Alle, die dorthin reisen, werden glücklich. Nur Mädchen und Frauen leben dort."

Conle sprang in das Kristallschiff. Conn und seine Krieger sahen zu, wie die beiden in den Sonnenuntergang ruderten, bis sie ihren Augen entschwanden. Sie wurden nie wieder gesehen.

Anonymer irischer Autor des 8. Jahrhunderts

Oben links: Ein Wasserfall in Snowdonia, Wales. Westlich von Snowdonia liegen die Hügel der Halbinsel Lleyn, die zum Teil von Kelten bewohnt waren. Diese Gegend ist reich an alten Hinterlassenschaften, da die Berge von Snowdonia Schutz vor den Römern und späteren Invasoren boten. Dennoch war sie für den Kontakt mit Kulturen des Mittelmeeres und Irlands prädestiniert. Eine perfekte Szenerie für die Geschichte von Branwen im *Mabinogion* mit ihrer walisischen und irischen Topografie.

Oben rechts: Jungsteinzeitliche Grabhügel in den Loughcrew Hills, Grafschaft Meath, Irland (etwa 2500–2000 v. Chr.). Die meisten vorgeschichtlichen Gräber, die heute zu sehen sind, haben ihren ursprünglichen Hügel verloren. Diese gut erhaltenen Beispiele machen verständlich, warum die keltischen Mythen sie oft als „Feenburgen" bezeichneten.

KAPITEL FÜNF

Pwyll, der Fürst von Dyfed

Die Geschichte von Pwyll ist die erste der vier Erzählungen – „Zweige“ – des walisischen *Mabinogion* und wurde wahrscheinlich im 11. Jahrhundert niedergeschrieben. Das *Mabinogion* handelt von der Geburt und Kindheit Pryderis. Diese in sich geschlossene Geschichte über den Helden Pwyll war vermutlich einst der Anfang einer vollständigen Sage, in der es um Leben und Tod des Helden Pryderi ging.

Diese relativ späte schriftliche Fassung der Sage hat wenig von ihrem älteren heidnischen Charakter verloren. Der Verfasser ließ sich nicht dazu verleiten, die eindrucksvolle Schlichtheit der Charaktere zu ändern und daraus mythische „Urbilder“ zu machen. Wir werden sofort in eine Welt entführt, in der Wirklichkeit und Mythos miteinander verschmelzen. Menschen mit irdischen Leidenschaften begegnen Wesen aus der Anders- und Unterwelt. Eben noch befanden wir uns in einer erkennbar walisischen Landschaft, im nächsten Augenblick sind wir in einem magischen Land. Der keltische Erzähler besitzt die Gabe, uns unbemerkt in beide Welten zu versetzen.

Zu den mythologischen Themen gehören die Zeugung eines irdischen Helden durch einen Gott, die Verbindung von der Geburt des Helden mit der Geburt eines Fohlens – wie in Cúchulainns Geschichte – und die Verleumdung der Mutter. Aufgelockert wird die Erzählung durch Themen wie die Jagd, das Feiern von Festen und Liebesszenen, den Hauptbeschäftigungen der frühen keltischen Stammesführer, für die diese wundervollen Geschichten bestimmt waren.

Links: Thrakischer Reitergott auf einem vergoldeten Silberhelm aus Rumänien (etwa 4. Jahrhundert v. Chr.). Bei den Griechen und Römern galten die Thraker wie die Kelten als Barbaren. In ihrer aristokratischen Kriegergesellschaft waren Ross und Reiter Symbole für einen Helden oder Gott.

Pwyll regierte die sieben Distrikte von Dyfed im Südwesten von Wales, einem Land mit hohen Klippen am Meer und Bergen im Inneren. Eines Tages, als er in Arberth Hof hielt, verspürte er Lust, im Wald von Glyn Cuch zu jagen, wo es reichlich Wild gab. Er brach am Abend auf und verbrachte die Nacht in Pen Llwyn Diarwya. Vor der Morgendämmerung stand er auf und zog mit seinen Hunden los, die er jedoch bei Glyn Cuch verlor. Er blies sein Jagdhorn und setzte seinen Hunden nach. Seine Gefährten ließ er bald weit zurück.

Gegenüber: Cocidius als Silvanus, der römische Jagdgott (Jaspis-Siegelstein aus Wall beim Hadrianswall, Northumberland, England; 2.–4. Jahrhundert n. Chr.). Cocidius war ein keltischer Jagdgott, dessen Kult römische Soldaten, die Nordengland verteidigten, übernahmen. Da keine Ikonografie existierte, stellten die Invasoren ihn als sein römisches Gegenstück dar, den Waldgott Silvanus – hier mit Jagdrock, Bogen, Köcher, Hund und Beute. Der Baum könnte eine Erle sein, die ihm heilig war. Cocidius symbolisierte den wilden, unkultivierten Aspekt der Natur und war daher ein passender Gott für Soldaten, die fern der Zivilisation lebten.

Pwyll folgte dem Gebell der Hunde, doch bald hörte er, wie das Kläffen einer anderen Meute sich mit dem seiner eigenen Tiere vermischte. Kurze Zeit später befand er sich am Rande einer Lichtung, auf die von der anderen Seite her ein Hirsch lief, gehetzt von der fremden Meute. Der Blick des Jägers wanderte von dem stattlichen Hirsch zu den Hunden, die ihn erlegten. Sie waren schneeweiß und hatten leuchtend rote Ohren. Pwyll betrat die Lichtung und vertrieb die seltsamen Hunde, damit seine Tiere vom toten Hirsch fressen konnten.

Jetzt näherte sich der Herr der merkwürdigen Hunde auf einem hohen Ross. Das Tier war grau gescheckt, und sein Reiter trug Jagdkleidung in einem ähnlichen Farbton. An seinem Hals hing ein Horn. Er ritt zu Pwyll und sprach ihn an: „Fürst von Dyfed, ich kenne dich, aber ich weigere mich, dich zu grüßen."

„Vielleicht ist Euer Rang so hoch", erwiderte Pwyll, „dass er einen Gruß unnötig macht."

„Mein Rang hat nichts damit zu tun", antwortete er.

Links: Teutonische vergoldete Bronzebrosche aus Dänemark (um 500 n. Chr.). Die teutonischen Stämme lebten wahrscheinlich ursprünglich in der Nähe der osteuropäischen Kelten. In der historischen Periode, zur Zeit der ersten schriftlichen Aufzeichnungen, waren beide kulturell voneinander getrennt. Ähnlichkeiten in Stil und Motiv sind auf dieser Brosche erkennbar: dekorative Spiralen, frontal ausgerichtete Gesichter mit weiten Augen und die Gegenüberstellung von Menschen und Ungeheuern.

„Nun, Herr, was macht Euch dann zu schaffen?", fragte Pwyll.

„Mögen die Götter mich hören", sagte der Reiter. „Es ist dein Mangel an Anstand und guter Erziehung."

„Inwiefern war ich unhöflich zu Euch, Herr?"

„Ich habe noch nie einen Mann getroffen", sagte der Fremde, „der so unhöflich war, seine Hunde von einer Beute fressen zu lassen, welche die Meute eines anderen erlegt hat. Zwar strebe ich nicht nach Vergeltung, doch ich werde dafür sorgen, dass du deine Ehre in dem Maße verlierst, als wärest du mit hundert Hirschen so verfahren."

„Herr", erwiderte Pwyll, „ich habe Euch Unrecht getan und möchte Eure Gunst zurückgewinnen."

„Und wie?", fragte der Reiter.

„Das hängt von Eurem Rang ab", sagte Pwyll. „Sagt mir, wer Ihr seid."

„In meinem Land trage ich die Königskrone."

„Dann seid mir gegrüßt", erwiderte Pwyll. „Doch welches Land ist das?"

„Mein Name ist Arawn, und ich bin König der Unterwelt, die ihr Sterblichen Annwn nennt."

„Mein Herr", rief Pwyll. „Wie kann ich Eure Gunst erlangen?"

„In Annwn herrscht ein weiterer König namens Havgan, der immer wieder in mein Land einfällt. Beseitige ihn, und du gewinnst meine Gunst zurück."

„Sagt mir, wie", erklärte Pwyll, „und ich werde mit Freuden tun, was Ihr verlangt."

„Wir werden ein Freundschaftsgelübde ablegen", erklärte der König, „und ich werde dich als Arawn verkleiden. Du wirst an meiner Stelle in der Unterwelt herrschen und mit der schönsten aller Frauen schlafen. Und weder sie noch die anderen an meinem Hofe werden dich erkennen. In einem Jahr und einem Tag treffen wir uns wieder an diesem Ort."

„Ich bin einverstanden", sagte Pwyll. „Aber wie finde ich König Havgan?"

„In einem Jahr", antwortete der König, „bin ich mit ihm an der Furt dort drüben verabredet. Du kommst an meiner Stelle und versetzt ihm einen einzigen tödlichen Schlag. Und einerlei, wie sehr er dich anfleht, ihn noch einmal zu schlagen, zügle dich. Denn wenn du es tust, kehrt er am nächsten Morgen zurück und kämpft gegen mich."

„Ich bin einverstanden", sagte Pwyll. „Aber was wird aus meinem Fürstentum Dyfed?"

„Dort werde ich an deiner Stelle regieren, und niemand wird es bemerken."

„Nun", sagte Pwyll, „dann mache ich mich auf den Weg."

„Ich werde dich führen, damit kein Hindernis dich aufhält, bis wir in meinem Königreich sind." Also stiegen Arawn und Pwyll nach Annwn hinab.

„Dies ist mein Reich", sagte Arawn, „und mein Hof ist dort drüben. Geh jetzt; alle werden dich für den König halten."

Pwyll ging in den Schlosshof. An allen Seiten befanden sich große Säle und Schlafzimmer. Er betrat den großen Saal und wurde von Knappen umringt, die ihm halfen, die Jagdstiefel auszuziehen. Dann kamen zwei Ritter, die seine Jagdkleidung entfernten und ihm ein Seidengewand mit Goldbrokat anzogen. Bald füllte sich der Saal mit vielen eleganten Menschen. Er sah Krieger mit ihren Knappen, alle in feinster Rüstung, und unter ihnen, in einem seidenen Kleid mit Goldbrokat, war die schönste Frau, die ein Mann sich vorstellen konnte: die Königin von Annwn. Alle wuschen sich die Hände und nahmen am Tisch Platz. Die Königin und ein Graf saßen neben Pwyll.

Pwyll unterhielt sich mit der Königin. Sie hatte ein angenehmes Wesen und war die natürlichste und wortgewandteste Frau, mit der er je gesprochen hatte. Sie speisten und tranken den ganzen Abend und lauschten den fahrenden Sängern und den Trinkliedern. Nie zuvor hatte Pwyll so köstliche Speisen und Getränke in goldenen, mit Juwelen besetzten Kelchen und Tellern genossen.

Später im Bett wandte Pwyll der Königin den Rücken zu und blieb stumm bis zum Morgen. Dann setzten sie ihr Gespräch so freundlich fort wie am Abend zuvor. Doch so zärtlich sie am Tag auch sein mochten, jede Nacht des Jahres war so kühl wie die vorige.

Pwyll verbrachte dieses Jahr mit Jagen und Feiern und genoss die Gesellschaft und die Zuneigung seines Hofes. Dann kam der letzte Abend, an dem er dem feindlichen König begegnen sollte. Auch dieser hatte das Treffen nicht vergessen, und als König Havgan mit seinen Rittern zur Furt von Glyn Cuch kam, erwartete ihn auf der anderen Seite des Flusses ein Reiter, der verkündete: „Edle Herren, hört auf meine Worte. Dies ist ein Zweikampf zwischen den beiden Männern, die Annwn als ihr Königreich beanspruchen. Sie kämpfen allein, und alle anderen schauen nur zu."

Die beiden Könige ritten in die Furt. Pwyll, König Arawns Ersatz, schlug als Erster zu. Er traf Havgans Schild in der Mitte und durchbohrte ihn ebenso wie die Rüstung dahinter. Dieser eine Hieb verletzte Havgan tödlich; sein Arm und sein Speer hingen über den Sattel. „Fürst", keuchte er, „du hast kein Recht, mich zu töten. Ich habe dich nicht herausgefordert, und ich wüsste nicht, warum du mir den Tod wünschen solltest. Doch nun, bei den Göttern,

Unten: Bronzeschildbuckel aus der Themse bei Wandsworth, London, England (2.–1. Jahrhundert v. Chr.). Der keltische La-Tène-Stil dieses kostbaren Votivopfers eines Adligen für die Wassergötter ist unverkennbar. Das schlichte, verschlungene Blattwerk ist mit Vogelmotiven verbunden. Die getriebenen Motive wurden von hinten eingehämmert, dann wurden feine Details eingraviert, um ihnen Textur zu verleihen.

Links: Dragon Hill, Uffington, Oxfordshire, England. Dieser Hügel liegt in der Nähe des monumentalen „Weißen Pferdes", das in die Seite des Gratweges gescharrt wurde. Der alte Weg ist reich an vorgeschichtlichen und keltischen Funden. Eine der Sagen, die sich um den Weg ranken, erzählt von St. Georg, der auf dem Gipfel einen Drachen tötete. Wo dessen magisches Blut floss, wächst kein Gras – deshalb der kahle Fleck. St. Georg war ursprünglich ein heidnischer Schmiedegott, der auch Drachen erschlug. Die neue Religion machte aus ihm einen heiligen christlichen Soldaten.

hast du mich tödlich verwundet. Darum erlöse mich mit einem zweiten Hieb."

„Herr", erwiderte Pwyll, „Vielleicht werde ich bedauern, was ich getan habe. Ihr müsst einen anderen finden, um Euch zu erlösen. Ich werde es nicht tun."

„Tragt mich fort", befahl Havgan seinen Rittern. „Ich kann nicht mehr euer König sein, denn nun hat der Tod mich doch ereilt."

„Und ihr, edle Ritter", sagte Pwyll, „befolgt meinen Rat und seid fortan meine Vasallen."

„König Arawn", sprachen die Ritter, „jeder von uns wird Euch als dem einzigen König von Annwn gehorchen."

„Nun", erklärte Pwyll, „ich werde den Unterwürfigen aufnehmen und den Aufsässigen mit dem Schwert demütigen."

Die Ritter huldigten ihrem neuen König, und am Mittag des folgenden Tages hatten die beiden alten Königreiche von Annwn nur noch einen Herrscher. Pwyll begab sich auf die Lichtung in Glyn Cuch. Arawn hieß ihn willkommen: „Ich habe gehört, was du für mich getan hast. Mögen die Götter dich dafür belohnen, dass du deinen Freundschaftsschwur gehalten hast."

„Das habe ich", sagte Pwyll. „Und wenn Ihr in Euer Land zurückkehrt, werdet Ihr mit eigenen Augen sehen, was ich in Eurem Namen getan habe."

„Mögen die Götter dich für alles belohnen, was du für mich getan hast", sagte der König.

König Arawn tauschte wieder die Gestalt mit Pwyll und ritt voller Freude nach Annwn zurück, denn er hatte seine Krieger und seinen Hof vermisst. Sie empfingen ihn höflich wie immer, da sie nichts von seiner Abwesenheit wussten. Dennoch verbrachte der König den ganzen Tag mit Feiern und Trinken und unterhielt sich den ganzen Tag und den ganzen Abend mit seiner Frau und den Edelleuten. Dann zogen sie sich müde in ihre Betten zurück.

Im Bett setzte Arawn das Gespräch mit seiner Frau fort, und da er seit einem Jahr nicht mehr mit ihr geschlafen hatte, umarmte er sie leidenschaftlich. Danach lag sie wach und wunderte sich über sein Ungestüm nach einem Jahr der Abweisung. „Warum bist du so still?", fragte er sie.

„Warum fragst du mich das nach einem Jahr der Stille?"

„Aber wir waren uns doch im Bett immer nahe."

„Ich schwöre", sagte sie, „dass wir seid einem Jahr und einem Tag nicht miteinander gesprochen und uns nicht einmal angesehen haben."

„Bei den Göttern", dachte Arawn, „mein neuer Freund ist in der Tat ein ehrenwerter Mann." Nun gestand er seiner Frau die Wahrheit: „Meine Gemahlin, tadle mich nicht für das, was ich dir sagen werde." Dann berichtete er von seinen Abenteuern im Land der Lebenden. „Mögen die Götter mich hören", sagte sie. „Du musst großen Einfluss auf deinen Freund haben, da er seine Lust zügelte und dir die Treue bewahrte."

Inzwischen war Pwyll nach Dyfed zurückgekehrt und hatte sich erkundigt, was seine Untertanen von seiner Herrschaft im vergangenen Jahr hielten. „Herr", erklärten alle, „nie zuvor seid Ihr so freundlich, liebenswert und großzügig gewesen."

„Bei den Göttern", sagte er, „seid dem Mann dankbar, der wirklich bei euch war." Dann erzählte er ihnen seine Geschichte. Danach sagten die Männer: „Herr, wir müssen den Göttern für eine solche Freundschaft danken. Aber Ihr werdet uns doch das Gute nicht nehmen, das wir in diesem Jahr erhalten haben?"

„Bei den Göttern, nein!", rief der Fürst von Dyfed.

Von diesem Tag an wurde die Freundschaft der beiden Männer immer tiefer. Sie schickten einander Geschenke für die Jagd: schöne Falken, Hunde und Pferde. Die Menschen in Dyfed bewunderten Pwyll für seine Taten in Annwn sehr, und wegen seiner Tapferkeit, die zwei Reiche vereint hatte, verliehen sie ihm den Titel „Haupt von Annwn".

Einige Zeit später war Pwyll an seinem Hof in Arberth und feierte ein großes Fest. Nach dem ersten Gang spürte er das Verlangen, auf einen Hügel zu steigen, der Gorsedd Arberth hieß und sich hinter dem Schloss erhob. Einer seiner Höflinge warnte ihn: „Man sagt, ein Mann von edler Geburt kehre entweder voller Wunden von diesem Hügel zurück oder erblicke etwas Wundervolles."

„Niemand kann mir schaden, wenn so viele Männer um mich sind", erwiderte Pwyll. „Aber ich möchte dieses Wunder gerne sehen."

Oben: Epona zu Pferde. Die keltische Göttin galt als Patronin der Pferde. Von der römischen Kavallerie wurde sie als Schutzgottheit übernommen. Die Skulptur wurde im klassischen Stil angefertigt. Möglicherweise war Epona mit der mythischen Rhiannon aus der Sage von Pwyll verbunden, denn beide kommen aus der Unterwelt. In der rechten Hand hält sie eine Art Rosenkranz, den Verehrer ihr geopfert haben.

Pwyll und seine Männer bestiegen den Hügel von Gorsedd, setzten sich und warteten. Bald erschien eine Dame auf der Straße unter dem Hügel. Sie ritt ein großes, perlweißes Pferd und war in Seide mit Goldbrokat gekleidet. Das Pferd schritt feierlich am Hügel vorbei, und Pwyll fragte seine Männer: „Erkennt einer von euch die Reiterin?" Keiner antwortete. „Dann muss einer von uns fragen, wer sie ist." Einer der Männer lief den Hügel hinab, doch als er die Straße erreichte, war sie verschwunden. Er lief ihr nach, aber je schneller er rannte, desto größer wurde der Abstand zwischen ihnen. Schließlich gab er auf und kehrte zu Pwyll zurück. „Herr von Annwn", sagte er, „es ist sinnlos, ihr zu

Fuß zu folgen." – „Dann", erwiderte Pwyll, „nimm das schnellste Pferd aus dem Stall und hole sie ein."

Der Mann galoppierte fort, doch obwohl sein Pferd schnell war und er Sporen und Peitsche benutzte, entfernte sich die Frau wie zuvor. Er kehrte zu Pwyll zurück und sagte: „Herr, es gibt kein schnelleres Pferd in Dyfed. Wir verlieren nur unsere Zeit, wenn wir sie verfolgen." – „Ja", erwiderte Pwyll, „Zauberei ist die einzige Erklärung."

Am folgenden Tag feierten sie noch ein Fest. Nach dem ersten Gang beschloss Pwyll erneut, den Gorsedd-Hügel zu besteigen. Diesmal nahmen sie ein schnelles Pferd mit. Kaum hatten sie Platz genommen, als wieder die Dame erschien. Sie trug dasselbe Kleid und ritt dasselbe Pferd. „Seht doch!", rief Pwyll. „Das ist die Reiterin von gestern. Einer von euch reitet ihr nach!" Die Frau befand sich am Fuße des Hügels, und das Pferd ging wieder gemessenen Schrittes. Einer der Männer setzte ihr im langsamen Galopp nach. Dennoch konnte er sie nicht einholen, auch nicht, als er schneller ritt. Je schneller er sein Pferd antrieb, desto weiter entfernte sie sich von ihm. Er gab die Verfolgung auf und kehrte zu Pwyll auf den Hügel zurück. „Herr", sagte er, „Ihr habt gesehen, wie schnell ich ritt." – „Ja", sagte Pwyll, „es ist sinnlos, sie einholen zu wollen. Doch bei den Göttern, ihre Reise hierher muss einen Grund haben. Wenn wir sie nur dazu bringen könnten, uns nicht zu meiden. Kehren wir an den Hof zurück."

In dieser Nacht tranken und sangen sie. Am folgenden Tag, nach dem Abendessen, befahl Pwyll: „Alle, die gestern mit mir auf dem Hügel waren, folgen mir." Er wies seinen Reitknecht an, sein Pferd zu satteln und die Sporen zu holen. Dann stiegen sie auf den Hügel und setzten sich. Die Frau erschien im selben Seidenkleid und auf demselben perlweißen Pferd. Pwyll ritt ihr nach, doch je schneller er galoppierte, desto weiter entfernte sie sich von ihm. Bald ritt er schneller als je zuvor in seinem Leben, aber er merkte, dass er sie nicht erreichte. Darum rief er ihr zu: „Edle Dame, wartet auf mich, dem Manne zuliebe, den Ihr am meisten liebt."

„Das tue ich gern", sagte sie, „und mein Pferd hätte sich gefreut, wenn du diese Bitte viel früher geäußert hättest." Sie wartete auf Pwyll, lüftete ihren Schleier, sah ihn an und sprach mit ihm.

„Edle Dame", fragte Pwyll, „woher kommt Ihr, und wohin geht Ihr?"

Oben: „Rhiannon" (Aquarell von Alan Lee, 1981). Lees Illustrationen zum *Mabinogion* verbinden keltische Motive mit romantischen mittelalterlichen Bildern. Der dominierende dunkle Sepiaton verleiht den Gemälden die mystische Atmosphäre des „dunklen Zeitalters", nur gelegentlich durchbrochen von den kräftigeren Farben der Edelsteine, Metalle oder Kleider. Diese wundervolle Stilmischung entspricht den unterschiedlichen kulturellen Schichten, die den Mythen im Laufe der Jahrhunderte aufgezwungen wurden. Hier dreht sich Rhiannon als mittelalterliche Prinzessin nach ihren Verfolgern um. Ihre Vögel waren Boten der Anderswelt, deren Gesang in der Sage von Branwen die irdische Zeit anhält.

„Ich gehe meinen eigenen Weg", antwortete sie, „und es freut mich, dass wir uns begegnet sind." Pwyll hatte nie eine schönere Frau gesehen als die, welche vor ihm stand.

„Edle Dame", sagte er, „ich wüsste gern, was Euch in dieses Land führt."

„Dann will ich es dir sagen", erwiderte sie. „Ich bin gekommen, um dich zu treffen. Mein Name ist Rhiannon, Tochter von Hefaidd dem Älteren, der mich einem Manne versprochen hat, den ich verabscheue. Ich werde keinen anderen heiraten als dich. Dies ist der Grund für meine

Rechts: Bronzedekor an einem Holzeimer aus Aylesford, Kent, England (1. Jahrhundert v. Chr.). Der behelmte Kopf am Henkel lässt darauf schließen, dass der Eimer für ein Kriegerritual benutzt wurde. Die großen Augen und die eckigen Gesichtszüge sind typisch für die La-Tène-Kunst, ebenso die Spiralmuster am Reifen.

Reise nach Arberth." – „Bei den Göttern", sagte Pwyll, „ich würde keine andere Frau lieber heiraten als Euch." – „Dann wollen wir uns verabreden", erklärte sie. „In einem Jahr gibt mein Vater an seinem Hof ein Fest für dich." – „Ich werde kommen", versprach Pwyll. Sie trennten sich, und Pwyll wechselte das Thema, wann immer seine Männer ihn nach der Frau fragten.

Ein Jahr später brach er mit hundert Männern auf. Sie ritten zu Hefaidds Hof und wurden herzlich empfangen. Beim Essen saß Pwyll oben am Tisch zwischen Rhiannon und ihrem Vater. Sie hatten das Fleisch verzehrt und eben mit den Trinkliedern begonnen, als ein eindrucksvoller junger Mann mit rötlich blondem Haar den Saal betrat. „Die Götter heißen dich willkommen", rief Pwyll ihm zu, denn er schien von königlichem Geblüt zu sein. „Bitte nimm Platz." – „Das werde ich nicht tun", entgegnete der Mann, „es sei denn, du gibst mir, weswegen ich gekommen bin." – „Du sollst haben, was du begehrst", sagte Pwyll. – „Warum hast du das versprochen?", rief Rhiannon. Aber es war zu spät. „Er muss sein Versprechen halten", erklärte der Fremde, „in Gegenwart solcher Edelleute." – „Was ist dein Begehr, Freund?", erkundigte sich Pwyll. – „Du feierst", erwiderte der Mann, „und sollst heute Nacht mit der Frau schlafen, die ich am meisten liebe. Ich bin hier, um deinen Platz einzunehmen."

Pwyll war wie vom Donner gerührt, und Rhiannon schalt ihn für seine Torheit: „Das ist Gwawl, der Sohn von Clud, der Mann, der mich gegen meinen Willen heiraten will. Und nun musst du mich ihm überlassen, oder du bist ehrlos." Pwyll wusste nicht, was er sagen sollte. „Aber ich werde dafür sorgen", fuhr Rhiannon fort, „dass er mich nicht bekommt."

„Wie könnte das sein?", fragte Pwyll erstaunt.

„Du darfst heute Abend zum Fest bleiben, und ich verspreche Gwawl, in einem Jahr mit ihm zu schlafen. Dann kommst du mit hundert Rittern zu uns, lässt sie jedoch im Garten zurück. Du betrittst den Saal in Lumpen und bittest Gwawl, diesen kleinen Beutel mit Speisen zu füllen. Ich werde den Beutel mit einem Zauber belegen, sodass niemand ihn füllen kann. Wenn Gwawl fragt, ob er jemals voll sein wird, antwortest du: ‚Nur wenn der Größte im Königreich die Speisen mit den Füßen hineindrückt.' Und wenn er die Füße in den Sack gesteckt hat, ziehst du ihm diesen über den Kopf und bindest ihn zu. Dann bläst du dein Horn zum Zeichen für deine Reiter, in den Palast zu kommen."

Gegenüber: Figur mit gekreuzten Beinen auf einem Eimerhenkel aus dem Bootsgrab von Oseberg, Norwegen (etwa 9. Jahrhundert n. Chr.). Die emaillierten geometrischen Muster auf der Brust der Figur sind typisch für die späte keltisch-irische Kunst, und die hervortretenden, mandelförmigen Augen verraten ebenso den keltischen Ursprung. Den Eimer haben vermutlich plündernde Wikinger in Irland erbeutet. Die Figur könnte Cernunnos sein, der oft mit gekreuzten Beinen dargestellt wird.

Rechts: Opferbrunnen aus der späten Bronzezeit in Mön, Dänemark (um 800–400 v. Chr.). Die stilistischen Ähnlichkeiten mit der Kunst der nichtkeltischen Nordeuropäer deuten auf kulturelle Verbindungen in der Bronzezeit hin. Im Brunnen lagen Votivgefäße aus Bronze, Schmuckstücke und Tieropfer. In einem Erlenstamm fand man auch Überreste von gebratenem Fleisch.

Gwawl unterbrach die beiden. „Ich warte auf deine Antwort", sagte er zu Pwyll. – „Du sollst haben, was ich dir geben kann", sagte Pwyll. – „Aber diese Männer", fügte Rhiannon hinzu, „sind meine Gäste und werden mit uns feiern. In einem Jahr werde ich ein Fest für dich ausrichten. Dann magst du mit mir schlafen." Jeder Fürst kehrte an seinen Hof zurück.

Als das Jahr verstrichen war, kam Gwawl, der Sohn von Clud, zu seinem Fest an Hefaidds Hof. Pwyll, das Haupt von Annwn, kam als Bettler verkleidet, wie Rhiannon ihm geraten hatte. Auf dem Höhepunkt des Festes betrat er den Saal. „Mögen die Götter dir hold sein", rief Gwawl. – „Gleichfalls, Herr", antwortete Pwyll. „Erlaubt Ihr mir eine Bitte?" – „Wenn sie vernünftig ist", sagte Gwawl, „sollst du haben, was du verlangst." – „Bitte füllt diesen kleinen Beutel mit Essen, um die Wölfe von meiner Tür fernzuhalten." „Ein bescheidener Wunsch", sagte Gwawl und befahl den Dienern, den Beutel bis zum Rand zu füllen. Aber es gelang ihnen nicht, und Gwawl fragte: „Wird der Beutel jemals voll?" – „Nur wenn der Größte im Königreich die Speisen mit seinen Füßen hineindrückt", erwiderte Pwyll. – „Tu das, mein tapferer Held", sagte Rhiannon. Kaum hatte Gwawl die Füße im Beutel, wurde er ihm über den Kopf gezogen und zugebunden. Pwyll streifte die Lumpen ab und blies sein Horn. Die hundert Ritter, die sich im Garten verborgen hatten, eilten in den Saal, und jeder von ihnen versetzte dem Beutel einen Schlag und fragte: „Was ist denn das?" – „Ein Dachs", riefen die anderen. So wurde das Spiel „Dachs im Sack" erfunden.

Im Beutel protestierte Gwawl: „Es ist kein ehrbarer Tod für mich, in einem Sack erschlagen zu werden." – „Er hat recht", sagte Hefaidd. – „Aber was soll ich mit ihm machen?", fragte Pwyll. – „Die Hofdichter und Bittsteller unterstehen jetzt deinem Befehl", antwortete Rhiannon. „Lass ihn

Gegenüber: Der „Druidenstein" in Dartmoor, England. Das Loch wurde im Laufe der Jahrhunderte von fließendem Wasser in den Felsen gegraben. Nach einer lokalen Sage handelte es sich um einen Taufstein der Druiden. Der Initiand wurde durch das Loch in den darunter fließenden Bach geschoben. Viele Sagen dieser Art haben als „Erklärungen" für natürliche oder durch Menschen verursachte sonderbare Phänomene überlebt.

Links: Das „Ungeheuer von Noves", Bouches-du-Rhône, Frankreich (etwa 4. Jahrhundert v. Chr.). Menschenfressende Ungeheuer symbolisierten den Triumph des Todes und der Anderswelt über die Kreaturen auf der Erde. Der Arm eines Opfers ragt aus dem Maul dieses gallischen Biestes, und seine Klauen packen abgetrennte Köpfe, die keltische Krieger oft aus Schlachten mitbrachten und später für rituelle Zwecke benutzten. Der erigierte Phallus symbolisiert den religiösen Zusammenhang zwischen Fruchtbarkeit und Tod. Dieses Thema findet sich auch in den Mythen wieder.

schwören, dass er sich nicht rächt." – „Ich schwöre es", rief Gwawl. Da ließ Pwyll ihn frei. „Rhiannon hat die Bedingungen genannt", sagte er, „und du musst sie einhalten." – „Ich will nur nach Hause gehen", sagte Gwawl, „und meine Wunden im Bad pflegen. Meine Krieger mögen als Geiseln hierbleiben." Dann humpelte er fort. Die Nacht wurde bei Speisen und Getränken verbracht, und alle setzten sich an den gleichen Platz wie vor einem Jahr. Später gingen Rhiannon und Pwyll zu Bett und erfreuten sich aneinander.

Am nächsten Tag gab Pwyll ein Fest für die Hofdichter und Bittsteller, und alle waren zufrieden. Nach dem Mahl wandte er sich an Hefaidd: „Herr, mit Eurer Erlaubnis möchte ich morgen nach Dyfed zurückkehren." – „Es sei dir erlaubt", sagte Hefaidd. „Aber lass Rhiannon nicht im Unklaren darüber, wann sie dir folgen soll." – „Herr", antwortete Pwyll, „es wäre mir eine Freude, wenn sie mich begleiten würde." – „Ist das dein Wille?", fragte Hefaidd. – „Ja, bei den Göttern", sagte Pwyll. „So will ich es haben."

Am Morgen brachen sie zum Hof von Arberth in Dyfed auf, wo sie herzlich begrüßt wurden. Ein Fest wurde vorbereitet, und die höchsten Edelleute im Königreich nahmen daran teil. Pwyll verabschiedete jeden mit einem Geschenk

zum Andenken. Manche bekamen Broschen, andere Ringe oder Juwelen. In den folgenden zwei Jahren brachten Pwyll und Rhiannon ihrem Land Wohlstand.

Im dritten Jahr riefen die Edlen von Dyfed Pwyll an einen Ort namens Preseleu und rieten ihm, sich eine andere Frau zu nehmen, weil Rhiannon immer noch kein Kind geboren hatte. Pwyll bat sie, noch ein Jahr zu warten.

Bevor das Jahr um war, wurde Rhiannon und Pwyll am Hofe von Dyfed ein Kind geboren. Sechs Frauen bewachten den Knaben in der ersten Nacht mit Rhiannon, doch um Mitternacht schliefen sie ein, und als der Hahn krähte, wachten sie auf. Das Kind war fort. „Was sollen wir tun?“, riefen die Frauen. „Rhiannon wird uns die Schuld geben.“ Eine von ihnen antwortete: „Kommt, wir töten ein paar Hündchen, verstreuen ihre Knochen in Rhiannons Schoß und beschmieren sie mit dem Blut. Dann schwören alle sechs von uns, dass sie ihr Kind getötet hat.“

Als die Sonne aufging, erwachte Rhiannon und fragte nach ihrem Sohn. „Herrin“, erwiderten die Frauen, „wir wollten Euch aufhalten, aber Ihr habt Euer Kind mitten in der Nacht totgeschlagen.“ – „Ihr wisst, dass ihr mich verleumdet“, antwortete Rhiannon. „Aber ich werde euch nicht bestrafen, wenn ihr die Wahrheit gesteht." Doch die Frauen blieben bei ihrer Geschichte, und obwohl Pwyll seiner Frau glaubte, wurde sie von den Druiden bestraft: Sie musste sieben Jahre lang am Festungstor sitzen und jedem Ankömmling anbieten, ihn auf dem Rücken in den Palast zu tragen. Nur wenige ließen das zu, und doch verbrachte sie auf diese Weise fast ein Jahr.

In jenen Tagen herrschte Teyrnon Twrvliant über Gwent ys Coed. Er war der edelste aller Männer und besaß eine Stute, die schöner war als jede andere im Königreich. Jedes Jahr warf sie in der Nacht vor dem ersten Mai ein Fohlen, aber niemand hatte je eines gesehen. „Diesmal", sagte Teyrnon zu seiner Frau, „halte ich Wache und finde heraus, wer oder was unsere Fohlen stiehlt." Er ließ die Stute in sein Zimmer bringen, und mitten in der Nacht warf sie ein schönes Fohlen. Doch plötzlich griff eine riesige Klaue durchs Fenster und packte das Fohlen an der Mähne. Sofort zog Teyrnon sein Schwert und haute den gewaltigen Arm am Ellbogen ab. Ein lautes Kreischen ertönte im Hof. Teyrnon lief hinaus, sah aber in der Dunkelheit nichts. Als ihm einfiel, dass er die Tür offen gelassen hatte, gab er die Verfolgung auf und rannte in sein Zimmer zurück. Auf der Schwelle lag ein kleiner Knabe in Windeln. Er war in ein Seidentuch mit Goldbrokat gewickelt.

Teyrnon brachte den Knaben ins Zimmer seiner Frau und erzählte ihr, was in der Nacht geschehen war und dass er einen edlen Sohn für sie habe. „Ich werde so tun, als sei er unser Kind, denn wir haben nie eines gehabt", erklärte sie. Sie brachten den Knaben zum heiligen Stein, und ein Druide taufte ihn. Er bekam den Namen Gwri Goldhaar, denn sein Kopf funkelte wie Gold. Am Ende des Jahres lief Gwri bereits wie ein Dreijähriger im Hof herum. Nach zwei Jahren glich er eher einem Sechsjährigen. Und bevor er vier war, wollte er den Stallknechten das Tränken der Pferde abnehmen. Teyrnons Frau schenkte ihm das Fohlen, das mit ihm zur Welt gekommen war.

Dann hörten die beiden von Rhiannons Schicksal und Strafe. Teyrnon wurde nachdenklich, denn Rhiannons Kind war genau in der Nacht verschwunden, als er Gwri gefunden hatte. Er hatte sich oft über die erstaunliche Ähnlichkeit zwischen dem Findelkind und Pwyll, dem Haupt von Annwn, gewundert, und jetzt erkannte er die Wahrheit. Auch seine Frau war der Meinung, dass sie ihren Gwri mit dem goldenen Haar Rhiannon schicken mussten. „Dadurch gewinnen wir dreierlei", sagte sie. „Rhiannons Dankbarkeit, weil ihr die Strafe erlassen wird, Pwylls Gunst, weil wir den Knaben aufgezogen haben, und vor allem einen Ziehsohn, der vielleicht ein großer Held wird und uns beschützt."

Am folgenden Tag ritten Teyrnon und zwei seiner Krieger nach Arberth. Gwri ritt neben ihnen auf dem schönen Fohlen. Als sie sich dem Palast näherten, rief eine Frau am Festungstor: „Ich werde Euch beide auf dem Rücken in den Palast tragen, denn ich habe meinen Sohn im Schlaf mit eigenen Händen getötet." – „Nein, wir werden an deiner Seite gehen", entgegnete Teyrnon.

Lauter Jubel erfüllte den Saal, als bekannt wurde, dass Rhiannons Sohn zurückgekehrt war. Teyrnon durfte zwischen Pwyll und Rhiannon am Tisch sitzen, und an Pwylls anderer Seite saßen Teyrnons zwei Ritter mit dem Knaben zwischen ihnen. Nach dem Essen begann das Trinken, und alle erzählten ihre eigene, wundersame Geschichte. Teyrnon berichtete von der Stute und dem Findelkind, und alle Anwesenden sahen Pwylls Züge in Gwris Gesicht.

„Wenn er wirklich mein Sohn ist", rief Rhiannon aus, „bin ich meine Sorgen los." – „Dann soll er Pryderi heißen", sagte Pendaran von Dyfed, „denn dieses Wort heißt ‚Sorge' in unserer keltischen Sprache." – „Obwohl Gwri Goldhaar ebenfalls ein guter Name ist", erklärte Pwyll, „ist es noch besser, ihm den Namen zu geben, den seine Mutter ausrief, als sie erfuhr, dass er lebt: Pryderi, Sohn von Pwyll." Alle priesen Teyrnon und seine Frau, und Pwyll und Rhiannon boten ihnen edle Pferde, Hunde und Juwelen als Geschenk an. Doch Teyrnon lehnte alles ab und kehrte zufrieden mit dem Lob nach Hause zurück.

Pwyll und Rhiannon gaben Pryderi in die Obhut des edlen Pendaran. Pwyll wurde alt und starb, und Pryderi wuchs zu einem stattlichen Helden heran, den die Menschen in den sieben Distrikten von Dyfed liebten. Er eroberte die drei Distrikte von Ystrad Tywi und die vier von Ceredigiawn – dies sind die sieben Distrikte von Seisyllwch. Und eines Tages heiratete Pryderi Cigfa, die Tochter von Gwynn Gohoyw, dem Sohn von Gloyw Wallt Lydan, seinerseits Sohn von Casnar Wledig. Diese waren Söhne der Hochkönige dieser Insel.

Hier endet der „erste Zweig" des *Mabinogion*.

Rechts: Goldener thrakischer Helm aus Cotofenesti, Rumänien (um 400 v. Chr.). Die thrakischen Kriegeraristokraten trugen wie ihre keltischen Nachbarn kunstvoll dekorierte Rüstungen aus Edelmetall, um ihren gesellschaftlichen Rang zu betonen. Auf den Wangenschützern dieses ungewöhnlich prächtigen Helmes sind Männer dargestellt, die gegen Ungeheuer kämpfen, ein typisch keltisches Motiv, das Macht und Tapferkeit symbolisiert.

Archäologie und keltische Fundstätten

Die ersten schriftlichen Nachrichten über die Kelten stammen aus dem 5. Jahrhundert v. Chr. Diese Texte griechischer und römischer Autoren beschreiben die keltische Gesellschaft jedoch nur von außen und meist voreingenommen – objektive Befunde der modernen Archäologie liefern dazu einen Ausgleich. Grabungen enthüllen oft mehr über die Kelten als die Berichte der antiken Autoren. Da jedoch andere literarische Quellen fehlen und die Funde bruchstückhaft sind, herrscht unter den Archäologen oft Uneinigkeit über die Interpretation von Funden. Die vor Kurzem in Lindow Moss entdeckte Moorleiche wurde von manchen als hingerichteter Verbrecher, von anderen als ermordeter Adliger oder Druidenopfer identifiziert. Was die Hügelfestungen der Eisenzeit betrifft, gehen die Meinungen ebenso auseinander: Handelte es sich um ständig bewohnte Dörfer oder zeitweilige Unterschlupfe?

Mit derartigen Interpretationsproblemen waren die Wissenschaftler auch nach der Ausgrabung einer archäologischen Stätte auf Hayling Island in Hampshire, England, konfrontiert. In den Jahren 1975–1976 ermöglichten günstige Wetterverhältnisse eine besondere Entdeckungen: Feldfrüchte, die über Gemäuer, das im Erdreich verborgen war, wuchsen, erhielten wegen der Trockenheit weniger Wasser und welkten daher. Von oben betrachtet zeichnen sich die Konturen der Gemäuer als dunklere Stellen – „Crop Marks" – ab. Luftaufnahmen von Hayling Island zeigten 1976 eine rechteckige, etwa vierzig Quadratmeter große Umfriedung, die ein rundes Bauwerk umgab. Anfang des 20. Jahrhunderts interpretierten Archäologen die Stätte als römische Villa mit einem Fischweiher in der Mitte, was durch die Luftaufnahmen in Zweifel gezogen wurde. Bei neuen Grabungen zwischen 1976 und 1981 wurde die jüngste Bodenschicht allmählich abgetragen. Man hob mehrere Gräben aus und brachte weitere Hinweise auf die Geschichte und den Zweck der Anlage ans Licht.

Die kreisförmige Anlage stammt aus zwei klar unterscheidbaren Bauperioden. In der früheren Phase wurden

Ganz oben: Luftaufnahme der römisch-keltischen Tempelanlage auf Hayling Island, Hampshire, England im Juni 1976. Die rechteckige Umfriedung und der runde Tempel wurden aufgrund der Dürre im Bewuchs deutlich erkennbar. In diesem Jahr enthüllte das trockene Wetter auch viele andere britische Fundorte.

Oben: Ausgrabung des keltischen Tempels auf Hayling Island. Der Boden wurde systematisch abgetragen, um auch das kleinste Fundstück freizulegen: Münzen oder Tonscherben können wichtige Datierungen und andere Informationen liefern, etwa über den damaligen Handel. Die Plastikabdeckung hielt die noch unerforschten Stellen feucht und bewahrte somit Farbvariationen im Boden, die auf unterirdische Ruinen hindeuten.

Oben: Fundament des runden Tempels auf Hayling Island. Das steinerne Fundament des römischen Bauwerkes umgibt die ältere keltische Anlage. Die keilförmigen Gräben wurden von Archäologen angelegt, um sich allmählich an die Baugeschichte heranzutasten. Die zentrale Grube enthielt möglicherweise einen Ritualstein, einen heiligen Holzpfosten oder „Totempfahl".

Rechts: Gebogener Speer vom Fundort Hayling Island. Der rechteckige Hof enthielt absichtlich beschädigte militärische Gegenstände als Votivgaben, etwa Speerspitzen, Schwerter und Wagenzubehör. Offenbar wurde hier ein Kriegsgott verehrt. Schweine- und Schafsknochen deuten auf Tieropfer hin.

Pfahllöcher in eine innere, kreisförmige Rinne und zwei größere Löcher am Eingang gegraben. Das deutet auf ein typisch keltisches „Rundhaus“ hin, wahrscheinlich mit Strohdach und einer Tür an der Ostseite. Grabungen im Hof enthüllten den wahren Zweck und das ungefähre Alter dieser frühen Anlage. Zu den Funden gehörten Votivopfer – oft Schafs- und Schweineknochen an Feuerstellen, Pferdeausrüstung und Waffen.

Diese Funde ließen darauf schließen, dass es sich bei dem „Rundhaus“ um einen keltischen Tempel handelte, wie üblich der aufgehenden Sonne zugewandt. Er wurde zu Beginn der römischen Besatzung benutzt. Mithilfe zeitgenössischer literarischer Quellen können die Entdeckungen eingeordnet werden. Julius Caesar schreibt in *Der Gallische Krieg* (Buch VI, 17), die keltischen Gallier hätten große Mengen der Beute aus ihren Kriegszügen an ihre heiligen Plätze gebracht und sie dort einem Kriegsgott geweiht. Tieropfer hätten die Rituale begleitet. Unter den Votivopfern auf Hayling Island befanden sich Speerspitzen, die während der Rituale absichtlich verbogen wurden, da sie den besiegten Feind symbolisierten. Bis zur römischen Invasion lag das Heiligtum in einem Gebiet, das von Stammeskämpfen heimgesucht wurde, deshalb gab es reichlich Gelegenheit, militärische Siege zu feiern.

Die Römer dachten gar nicht daran, dieses wichtige architektonische Symbol der keltischen Religion zu zerstören. Stattdessen errichteten sie kurz nach der Invasion unter Claudius ein zweites Bauwerk: eine größere und steinerne Version des keltischen Tempels und offenbar eindrucksvoller. Breite und Tiefe des erhaltenen Fundaments lassen auf einen hohen Turm schließen, der wie viele andere römisch-keltische Tempel von einem überdachten Portikus umgeben war. Dachziegel und ein auffälliger roter Verputz schützten das Äußere des Tempels. Am Eingang befand sich ein Vorbau. Hinweise auf einen Gott fehlten, aber an einem ähnlichen Ort in Gallien fand man eine dem römisch-keltischen Kriegsgott Mars Mullo gewidmete Inschrift.

Interessant ist, dass es in der römischen Periode viel weniger Votivopfer gab, vermutlich deshalb, weil der Tempel jetzt nicht mehr für Rituale der Briten bestimmt war, sondern zur dominierenden römisch-keltischen Kultur gehörte. Die bedeutenden Funde auf Hayling Island sind nicht nur Zeugnisse der keltischen religiösen Baukunst, sondern sprechen auch dafür, dass die Kelten während der römischen Besatzung religiös aktiv blieben.

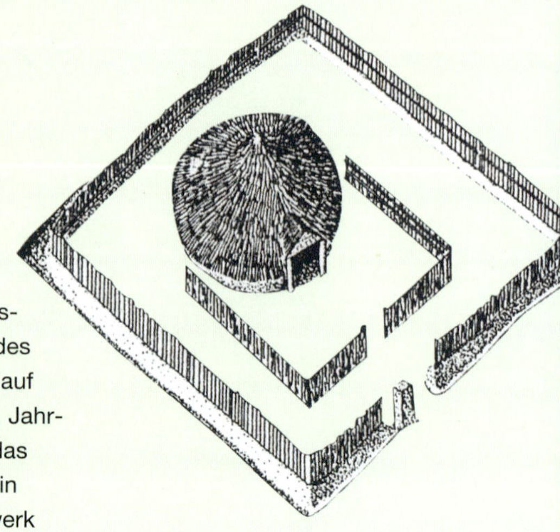

Oben rechts: Rekonstruktionszeichnung des keltischen Tempels auf Hayling Island. Im 1. Jahrhundert v. Chr. war das Heiligtum offenbar ein schlichtes Holzbauwerk mit Strohdach. Die meisten Votivopfer fand man in der Nähe dieser alten Anlage.

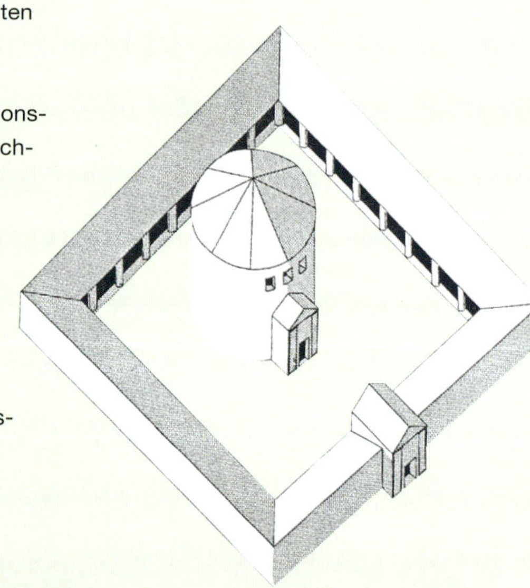

Rechts: Rekonstruktionszeichnung des römisch-keltischen Tempels. Nach der römischen Invasion im Süden Britanniens im Jahr 43 n. Chr. wurden Tempel und Heiligtum neu errichtet – größer und eindrucksvoller, aber Rituale wurden kaum noch praktiziert.

Oben: Rekonstruktion von eisenzeitlichen Hütten bei Butser Hill, Hampshire, England. Anhand von archäologischen Funden kann man die Größe und Form von keltischen Bauwerken rekonstruieren. Der ursprüngliche Tempel auf Hayling Island glich wohl einem dieser Rundhäuser. Die Butser Ancient Farm experimentiert auch mit keltischen Koch- und Töpfermethoden.

Oben: Tempel von Vesunna (?), Perigueux, Dordogne, Frankreich (spätes 1.–3. Jahrhundert n. Chr.). Dieser römisch-keltische Tempel veranschaulicht sehr gut, wie der zweite Hayling-Tempel wahrscheinlich aussah. Das gallische Bauwerk war ursprünglich 24 m hoch und besaß, anders als der Tempel in Hayling, einen Umgang. Die Aussparungen für seine Dachbalken sind in 11 m Höhe zu sehen. Auch dieser Tempel war nach Osten orientiert und hatte einen größeren Portikus mit Galerie.

KAPITEL SECHS

Die Geschichte von Branwen, der Tochter von Llŷr

Dies ist der zweite der „vier Zweige" des *Mabinogion* – Pryderi wird hier kaum erwähnt. Die mündliche Überlieferung verzichtete offenbar auf die „Jugendabenteuer" Pryderis, die man in diesem Teil der Sage erwarten würde, und ersetzte sie durch die Abenteuer der Kinder Llŷrs. Der irische Schauplatz und die mythischen Themen – wie etwa der Kessel und das für Brân gebaute Haus – lassen darauf schließen, dass ein irischer Geschichtenerzähler die ursprünglich walisische Sage von Pryderi veränderte.

Der Großvater der Kinder Llŷrs heißt Beli. Gemeint ist wahrscheinlich der Gott Belenus, ein keltischer Sonnengott und legendärer britannischer König. Die Geschichte greift wie die Sage von Rhiannon und Pwyll das mythologische Thema der „verleumdeten Ehefrau" auf, hier als Auslöser für Rache und Krieg. Der Leser wird an die griechische Sage von Helena und dem Trojanischen Krieg erinnert. Das „eiserne Haus", in dem die Riesen fast getötet werden, zeugt vom eisenzeitlichen, heidnisch-keltischen Ursprung dieser Geschichte. Einige Forscher halten es für eine mythische Darstellung der von den Kelten praktizierten Menschenopfer, andere des Brennofens, der zum Emaillieren des keltischen Schmucks benutzt wurde. Im keltischen Mythos sind Gewässer die Heimat übernatürlicher Wesen, in dieser Erzählung der Riesen, die aus dem See steigen.

Brân und Manawydan, die beiden Söhne Llŷrs, saßen auf dem Felsen von Harlech, der über das irische Meer ragt. Brân war König der Insel Britannien. Er residierte in der Burg von Harlech in Ardudwy an der Nordwestküste Wales' unterhalb der hohen Berge von Snowdonia. Neben ihnen saßen Nissyen und Evnissyen, die zwei Söhne von Euroswydd. Die vier Männer hatten dieselbe Mutter: Penardunn, die Tochter von Beli, dem Sohn Mynogans. Wenn die Söhne Llŷrs stritten, war Nissyen ihr Friedensstifter, doch wenn sie sich vertrugen, sorgte Evnissyen gewiss für Ärger.

Von den Felsen aus sahen sie dreizehn Schiffe, die aus Südirland kamen. Der Wind blies von hinten, und sie näherten sich sehr schnell der walisischen Küste. „Diese Schiffe", sagte König Brân, kommen zu uns. Alle Männer am Hofe sollen sich bewaffnen und ans Ufer eilen, um ihre Absichten zu ergründen." Die Männer gingen zum Strand und sahen, dass die Schiffe schöne Flaggen aus Seidenbrokat hatten. Eines von ihnen segelte voraus. Auf seinem Deck hielt jemand einen Schild so, dass die Spitze zum Himmel zeigte. Dies war ein Zeichen für friedliche Absichten.

Kleine Boote brachten einige der Fremden zum Felsen, wo der König saß. „Mögen die Götter Euch gewogen sein", rief er hinab. „Aber sagt mir, wer befehligt diese Schiffe?"

„Herr", riefen sie zurück, „sie gehören Matholwch, dem König von Irland, und er ist hier bei uns."

„Will er ans Ufer kommen?", fragte Brân.

„Nur wenn sein Wunsch erfüllt wird", antworteten die Iren.

„Und was wünscht er?", fragte Brân.

„Herr, unser König möchte sich mit Euch verbünden. Er bittet um die Hand Eurer Schwester Branwen, um ein mächtiges Band zwischen Irland und der Insel des Mächtigen zu schmieden."

„Nun, dann bringt ihn ans Ufer", sagte Brân, „und wir reden darüber."

Gegenüber: Die Küste bei Harlech, Wales. Dieser Teil der Nordwestküste von Wales ist der ideale Schauplatz für die Sage von Branwen. Flache Strände waren gute Landeplätze für die damaligen Schiffe, und das gebirgige Hinterland begünstigte den Festungsbau, der von prähistorischen Lagern bis zu mittelalterlichen Schlössern reichte.

Der irische König und seine Männer kamen ans Ufer und wurden an diesem Abend am Hof begrüßt. Am nächsten Morgen wurde Branwen dem Gast versprochen. Sie war eine der drei Matriarchinnen der Insel und die schönste Frau der Welt. Man beschloss, nach Aberffraw zu reisen, Matholwch mit seinen Schiffen und Brân an Land. Dort wollte der irische König mit Branwen schlafen.

Alle trafen sich in Aberffraw und feierten in einem großen Zelt, denn Brân war zu groß für jedes Haus. Neben dem König von Wales saßen sein Bruder Manawydan und Matholwch, und neben dem König von Irland saß Branwen. Und als sie müde vom Plaudern, Trinken und Singen waren, gingen sie zu Bett, und Matholwch schlief mit Branwen.

Am nächsten Tag bekamen die Iren auf dem Land zwischen der Burg und dem Meer Quartiere für ihre Knechte und Pferde. Der Unruhestifter Evnissyen, Brâns Halbbruder, fragte, wem die Pferde gehörten. „Dies sind die Pferde von Matholwch, dem König von Irland", antworteten die Knechte.

„Und was haben sie hier zu suchen?", wollte Evnissyen wissen.

„Unser König ist zu Besuch, um mit Eurer Schwester Branwen zu schlafen, und dies sind seine Pferde."

„Wie können sie das meiner Schwester antun, ohne mich zu fragen!", rief Evnissyen. „Noch nie bin ich so beleidigt worden." Er schnitt den Pferden die Lippen bis zu den Zähnen ab, die Ohren bis zum Kopf und den Schweif bis zum Hinterteil. Dann riss er ihre Augenlider vom Knochen. Nun waren die Pferde unheilbar verstümmelt.

Die Männer gingen zu Matholwch, und einer von ihnen sagte: „Euer Eigentum wurde verletzt, und Ihr selbst seid bedroht."

„Warum sollten sie mir etwas antun", fragte Matholwch, „wenn sie mir eben eine Frau von solch hohem Rang und solcher Schönheit gegeben haben?"

„Was immer die Ursache sein mag", sagte einer der Männer, „die Wirkung ist offenkundig. Ihr müsst zu Euren Schiffen zurückkehren." Also bereitete sich der König von Irland auf die Rückkehr in sein Land vor.

Als Brân hörte, dass sein königlicher Gast den Hof ohne höflichen Abschied verlassen wollte, schickte er Boten zu ihm und fragte nach dem Grund. „Liegt er nicht auf der Hand?", erwiderte Matholwch. „Ich bin erstaunt darüber, dass mir zuerst Branwen, die königliche Tochter von Llŷr

Oben: Iberische weibliche Bronzefigurine aus Aust-on-Severn, Gloucestershire, England (etwa 4.–3. Jahrhundert v. Chr.). Ähnliche Objekte wurden in Spanien hergestellt. Die Figur mit Glasaugen wurde wahrscheinlich auf den Handelswegen an der Atlantikküste aus Iberien importiert.

und eine der drei Matriarchinnen Britanniens, angeboten wurde und dass ich dann so schamlos beleidigt wurde."

„Kein Mann von Brâns Hof hat dies getan, zumindest nicht mit seiner Vollmacht."

„Ich würde euch gern glauben", sagte Matholwch, „aber nichts kann die Beleidigung ungeschehen machen."

Als die Boten Brân unterrichtet hatten, sagte er: „Wir dürfen ihn nicht im Zorn gehen lassen. Bruder Manawydan, schicke Boten und biete ihm den edelsten Ersatz für seine verwundeten Pferde an. Gib ihm auch diesen silbernen Stab und diesen goldenen Teller und sage ihm, mein Halbbruder habe die Tat begangen, und es sei schwierig, ihn mit dem Tode zu bestrafen. Er möge herkommen und nach seinen Bedingungen Frieden schließen."

Matholwch und seine Männer nahmen das Angebot an, und an diesem Abend wurde im Zelt wieder ein großes Fest gefeiert. Als Brân aber bemerkte, dass sein neuer Verbündeter noch immer grollte, machte er ihm ein weiteres Versöhnungsgeschenk: „Ihr sollt einen magischen Kessel bekommen. Wenn einer deiner Männer getötet wird und du ihn am selben Abend in diesen Kessel wirfst, ist er am Morgen wieder lebendig und völlig gesund, wenngleich auch stumm." Matholwch freute sich sehr über das neue Geschenk.

Am nächsten Tag erhielt er neue Pferde, und wieder setzte man sich zum Essen an den Tisch. „Wie kam dieser Kessel in Euren Besitz?", fragte Matholwch.

„Nun", antwortete Brân, „Llasar Llaes Gyfnewid und sein Weib Cymidei Cymeinfoll haben ihn mir aus Irland gebracht. Gewiss kennt Ihr die Geschichte ihrer Flucht aus dem weiß glühenden eisernen Haus, denn sie ereignete sich auf Eurer Insel."

„Ja, Herr", sagte Matholwch, „und ich kann sie für Euch zu Ende erzählen. Eines Tages jagte ich auf einem Berg über dem See des Kessels. Ich sah einen rotblonden Mann, der aus dem See stieg und einen Kessel trug. Er war riesig, ja monströs, und eine doppelt so große Frau begleitete ihn. Sie kamen auf mich zu, und ich grüßte sie. Der Mann sagte zu mir: ‚Diese Frau wird in einem Monat und zwei Wochen einen Sohn empfangen, und er wird vollständig bewaffnet und kampfbereit geboren werden.' Ich nahm die beiden in meine Obhut. Ein Jahr lang benahmen sie sich gut, doch im folgenden Jahr begannen sie, Unruhe zu stiften. Sie belästigten Frauen und Männer. Bald hasste das Volk sie und bat

Links: Der Kessel von Gundestrup, Dänemark (1. Jahrhundert v. Chr.). Auf dieser Silbertafel an der Innenseite ringen ein Gott und ein Krieger mit einem Rad, in der keltischen Kunst ein Sonnensymbol. Interessanterweise sind hier auch Greife abgebildet, denn diese griechischen Ungeheuer wurden mit dem Sonnengott Apollon assoziiert. Der keltische Gott könnte eine der Himmelsgottheiten darstellen.

Links: Der Kessel von Gundestrup, Dänemark (1. Jahrhundert v. Chr.). Auf dieser silbernen Tafel im Inneren des vergoldeten rituellen Silbergefäßes sind Krieger abgebildet, die in die Schlacht ziehen. Vor ihnen kriecht eine Schlange mit Widderhorn. Die Gestalten rechts blasen die Karnyx, einige der Krieger tragen Federn, Eber oder Hörner auf den Helmen. Links taucht ein Gott ein Menschenopfer in einen Eimer.

mich, sie zu töten. Das war nicht einfach, weil sie so groß und stark waren. Darum kamen Schmiede aus ganz Irland und bauten ein eisernes Haus. Wir lockten die Riesen mit vielen Speisen und Getränken hinein, und als sie betrunken waren, zündeten wir um das Haus herum ein großes Feuer an. Aber sie durchbrachen die Mauer mit einem mächtigen Schulterstoß und flohen. Vermutlich kamen sie dann mit dem Kessel zu Euch."

„Nein", sagte Brân, „ich werde Euch erzählen, wie ich den Kessel bekam. Ich ließ die Riesen frei auf meiner Insel herumlaufen, denn sie bauten überall große Festungen für meine Krieger."

Es wurde ein fröhliches Fest, und die Könige unterhielten sich bis weit in die Nacht hinein. Am nächsten Tag brachen Matholwch und Branwen von Aber Menei aus mit dreizehn Schiffen nach Irland auf. Dort wurden sie mit großem Jubel empfangen. Alle Edelleute, die den König besuchten, brachten Branwen eine hübsche Brosche, einen Ring oder ein königliches Juwel aus dem eigenen Schatz mit. Branwen war allgemein beliebt, und in diesem Jahr gebar sie einen Sohn, der den Namen Gwern erhielt. Er wurde zu einem begabten Erzieher geschickt.

Doch als sich herumsprach, wie Matholwch in Wales beleidigt worden war, änderte sich die Stimmung in Irland. Selbst jene, die ihm nahestanden, forderten Rache, und Branwen wurde in die Küche gesperrt, um für den Hof zu kochen. Der Schlächter durfte sie jeden Tag ohrfeigen, wenn er mit dem Fleisch fertig war. „Und Ihr müsst allen Schiffen verbieten, nach Wales zu segeln", sagten die Berater des Königs, „und jeden gefangen nehmen, der von dort kommt."

Branwen aber brachte einem Star das Sprechen bei, damit er berichten konnte, wie sie in Irland leiden musste. Sie band ihm einen Brief unter die Flügel und schickte ihn übers Meer nach Hause. Dort fand er Brân an seinem Hof

Links: Vergoldete Silberbrosche aus Ardagh, Grafschaft Limerick, Irland (etwa 8. Jahrhundert n. Chr.). Das sorgfältig gearbeitete goldene Filigran dieser fast ringförmigen spätkeltischen Brosche waren Zeichen des Reichtums und des hohen Ranges ihres Trägers.

zu Caer Seint in Arfon. Der zahme Vogel landete auf Brâns Schulter und breitete die Flügel aus, sodass alle den Brief sahen. Dieser wurde vor dem ganzen Hof verlesen. Als Brân hörte, wie unglücklich seine Schwester Branwen in Irland war, stellte er aus dem ganzen Land ein großes Heer zusammen, um Krieg gegen Irland zu führen. Sieben Fürsten blieben in Edeirnon zurück, um das Königreich zu bewachen, und darum nannte man die Stadt Seith Marchawg – „Sieben Reiter". Der Anführer war Cradawg, der Sohn von Brân.

Brân brach mit den vereinigten Heeren Britanniens auf. Er selbst watete durchs Meer, denn damals war das Wasser zwar tief, aber nicht breit. Von den Hügeln über der Küste Irlands aus gesehen bot sich den Schweinehirten ein prachtvoller Anblick. Sie eilten zu Matholwch und berichteten ihm: „Wir haben heute Wunder gesehen. Wir sahen einen Wald und daneben einen Berg, wo bisher weder Wald noch Berg im Meer waren. Und mehr noch – sie kommen auf Irland zu."

Der verdutzte Matholwch schickte Boten zu Branwen und ließ sie fragen, ob sie die Erscheinung erklären könne. „Ich bin zwar keine edle Dame, obgleich ihr mich so nennt", antwortete sie, „aber ich weiß, dass der Wald eine Flotte und der Berg mein Bruder Brân ist, der durchs Meer watet, weil kein Schiff für ihn groß genug ist."

„Aber wir haben auf dem Berg auch einen Grat gesehen", sagten die Männer, „und zwei Seen an beiden Seiten."

„Das sind die zornigen Augen meines Bruders zu beiden Seiten seiner Nase", lachte Branwen.

Matholwch rief alle Krieger Irlands zusammen, und man beschloss, sich über den Fluss Llinon (Shannon oder Liffey) zurückzuziehen und die Brücke abzureißen, denn die Felsen im Fluss würden den britischen Schiffen den Weg versperren.

Als Brân und seine Flotte den Fluss erreichten, fragten seine Männer: „Wie können wir diesen Fluss überqueren?" – „Das Haupt soll die Brücke bilden", antwortete Brân und legte sich über den Fluss, sodass die Krieger über ihn hinwegschreiten konnten.

Das irische Heer schickte Boten zu Brân und bot ihm Branwens Sohn Gwern an, um das Unrecht zu sühnen, das seiner Schwester angetan worden war. „Ihr mögt entscheiden, was aus Matholwch wird", erklärten die Boten.

„Ich bin eher geneigt, selbst König von Irland zu werden", erwiderte Brân, „wenn ihr mir kein besseres Angebot macht."

Links: Eine sogenannte „Clapper Bridge“ über dem Bach Waller in Dartmoor, England. Diese flache Brücke mit Pfeilern aus örtlichem Stein und aufgelegten Steinplatten stammt aus der sächsischen Periode. In dieser Gegend gab es in der Bronze- und Eisenzeit viele Siedlungen, und auch die Kelten mussten diese Bäche queren – wahrscheinlich auf Holzbrücken.

Die Boten kehrten zu Matholwch zurück und rieten ihm, das Angebot zu verbessern. „Was schlagt ihr vor?“, fragte Matholwch.

„Nun ja“, antworteten sie, „er hat nie ein Haus gehabt, das für ihn groß genug war. Darum raten wir, dass Ihr ein solches Haus bauen lasst. Die eine Hälfte soll für Brân und seine Männer sein, die andere für Euch und uns alle.“

Auf Branwens Rat hin nahm Brân dieses Angebot an. Das Haus wurde gebaut, aber die Iren planten Verrat. An allen Pfeilern befestigten sie Pflöcke, und an jeden Pflock hängten sie einen Sack, in dem sich ein Krieger befand. Als Evnissyen das Haus betrat, fragte er sofort einen der Iren nach dem Inhalt der Säcke. „Was ist in diesem drin?“, wollte er wissen und drückte ihn kräftig. „Nur Mehl, Freund“, versicherte der Ire. Evnissyen erkundigte sich nach allen zweihundert Säcken und erhielt jedes Mal die gleiche Antwort. Einen drückte er so fest, dass der Mann im Inneren zerquetscht wurde.

Die Männer beider Inseln gingen in den Saal, und Gwern, Branwens Sohn, wurde als neuer König inthronisiert. Er begrüßte Brân und Manawydan, die Söhne Llŷrs. Nissyen, der Sohn Eurosswydds, rief ihn zu sich, und er ging gerne zu ihm. Aber zu Evnissyen wollte er nicht gehen. „Warum meidet der Knabe mich?“, fragte Evnissyen. „Ich bin doch sein Onkel.“ Brân schickte Gwern zu Evnissyen, der schrie: „Mögen die Götter Zeuge der Gräueltat sein, die ich begehen werde!“ Er packte den neuen König und warf ihn mit dem Kopf voraus ins Feuer. Als Branwen ihren Sohn sterben sah, wollte sie sich verzweifelt zu ihm in die Flammen stürzen, doch ihr Bruder Brân hielt sie zurück und schützte sie während des Kampfes, der nun folgte, mit seinem Schild.

Viele Krieger starben in dieser Nacht. Die Iren zündeten ein Feuer unter dem magischen Kessel an und warfen ihre

Oben: Branwen (Aquarell von Alan Lee, 1981). Branwen schickt ihren Star nach Wales, um Brân von ihrer Demütigung durch die Iren zu unterrichten. Auf dem Rahmen hat Lee die walisische Flotte dargestellt, die das irische Meer überquert. Brâns Augen und Arme sind an den Bildrändern zu sehen.

Gefallenen hinein, bis er voll war. Am nächsten Morgen waren sie wieder heil und gesund, doch sie konnten nie wieder sprechen. „Mögen die Götter mich in meiner Verzweiflung hören", rief Evnissyen, „denn ich habe viele Landsleute in den Tod getrieben. Ich werde meine Ehre zurückgewinnen und die Insel des Mächtigen vor der Niederlage retten." Er legte sich unbemerkt zu den toten Iren und wurde in den Kessel geworfen. Als er drinnen war, stemmte er sich mit Macht gegen die Seiten, und der Kessel zerbrach in vier Teile. Aber auch sein Herz zerbarst.

Dennoch brachte seine Tat den Walisern nur geringe Vorteile, denn ein vergifteter Speer hatte Brân am Bein verletzt, und nur sieben Männer überlebten: Manawydan, Pryderi, Glifieu (der Sohn Tarans), Taliesin, Ynawg, Gruddieu (der Sohn Muriels) und Heilyn (der Sohn von Gwyn dem Alten).

Brân befahl seinen Männern, ihm den Kopf abzuschlagen: „Bringt ihn zum Weißen Hügel in London und begrabt ihn dort, mit dem Gesicht nach Frankreich gewandt. Eure Reise wird einige Zeit dauern. Ruht und feiert sieben Jahre auf der Burg von Harlech. Rhiannons Vögel werden für euch singen, und mein Kopf wird so eine gute Begleitung sein, als säße er noch auf meinen Schultern. Danach werdet ihr achtzig Jahre lang auf Grassholm vor der Prembokeküste rasten. Sobald sich die Tür zum Bristolkanal öffnet, müsst ihr aufbrechen und dürft nicht ruhen, ehe mein Kopf in London begraben ist. Nun segelt übers Meer nach Wales."

Brâns Kopf wurde abgeschlagen. Die sieben segelten mit Branwen und Brâns Kopf an die andere Küste. Sie landeten bei Aber Alaw in Talebolion. Branwen schaute zurück übers Meer nach Irland, dann zur Insel des Mächtigen. „Wäre ich doch nie geboren worden", rief sie, „denn meinetwegen wurden diese beiden guten Inseln verwüstet!" Sie seufzte zum Himmel, und ihr Herz brach. Ihre Gefährten begruben sie in einem viereckigen Grab am Ufer des Flusses Alaw.

Die sieben Männer brachten den Kopf nach Harlech. Unterwegs trafen sie eine Gruppe von Reisenden. „Gibt es etwas Neues?", fragte Manawydan.

„Nein", antworteten sie. „Außer dass Casswallan, der Sohn Belis, die Insel des Mächtigen erobert hat und nun die Krone in London trägt."

„Was ist denn mit den sieben Männern geschehen, die wir unter Cradawgs Führung als Wächter zurückgelassen haben?"

Oben: Stierköpfiges Ende eines von zwei eisernen Feuerböcken, (Capel Garmon, Denbigh, Wales; etwa 1. Jahrhundert v. Chr.), die als Auflage für Bratspieße über dem Feuer dienten. Der Stier war ein keltisches Symbol der Manneskraft und daher eine passende Dekoration für die Festgelage der Krieger.

„Sechs von ihnen wurden von einem Schwert ohne Eigentümer getötet. Casswallan hielt das Schwert, aber er trug einen Zaubermantel, der ihn unsichtbar machte. Er wollte seinen Neffen Cradawg nicht töten, doch als dieser sah, was geschehen war, brach sein Herz. Er war einer der drei Männer, deren Herz vor Verzweiflung brach. Ein junger Mann, Pendaran Dyfed, floh in den Wald."

Als sie in Harlech ankamen, feierten sie dort sieben Jahre lang. Während sie aßen und tranken, sangen ihnen drei Vögel das schönste Lied, das sie je gehört hatten. Obwohl die Vögel hoch über dem Meer flogen, war ihr Lied im Saal deutlich zu hören.

Nach sieben Jahren reisten sie nach Grassholm, wo sie in einem schönen, königlichen Schloss hoch über dem Meer bewirtet wurden. Der Saal hatte drei Türen, von denen zwei offen standen. „Wir dürfen die dritte Tür nicht öffnen", sagte Manawydan, „denn sie führt zum Bristolkanal." Die achtzig Jahre verbrachten sie mit Festgelagen, denn sie alterten nicht, und Brâns Kopf war so fröhlich wie zu seinen Lebzeiten. Dieses Fest wurde die Versammlung des wundersamen Kopfes genannt, das vorherige, in Irland, Versammlung von Branwen und Matholwch.

Eines Tages, als die achtzig Jahre vorbei waren, öffnete Heilyn, der Sohn Gwyns, die dritte Tür, und die Gefährten schauten hinaus auf den Bristolkanal. Die Erinnerungen an ihre gefallenen Freunde fluteten zurück, und sie betrauerten den Tod ihres Königs Brân. Sie konnten weder rasten noch ruhen, ehe der Kopf auf dem Hügel von London begraben war. Dieses Grab war eines der drei glücklichen Verstecke, doch eines Tages wurde es zu einem der drei unglücklichen Fundorte, denn solange niemand den Kopf fand, konnte keine Seuche das Meer überqueren.

So endeten die Abenteuer der Männer, die Irland verlassen hatten. Aber jenen, die dort geblieben waren, ging es noch schlechter. Niemand überlebte die Schlacht außer fünf Frauen, die sich in einer Höhle tief in der Wildnis verbargen. Jede trug einen Sohn im Schoß, und als diese fünf Knaben geboren waren, wuchsen sie zu stattlichen jungen Männern heran, die heiraten wollten. Jeder heiratete eine der fünf Mütter; dann teilten sie das Land unter sich auf. So entstanden die fünf Provinzen Irlands. Sie kehrten an die Orte der Schlachten zurück und fanden viel Gold und Silber, genug, um sehr reich zu werden.

Hier endet dieser „Zweig“ des *Mabinogion*. Wir haben von der Demütigung Branwens gehört, einem der drei unglücklichen Schläge für die Insel des Mächtigen, und von der Versammlung Brâns, als die Heere der hundertvierundfünfzig Distrikte das irische Meer überquerten, um Branwen zu rächen. Wir haben vom siebenjährigen Fest auf Harlech gehört, von Rhiannons Singvögeln und von der achtzigjährigen Versammlung des wundersamen Kopfes.

Rechts: Holzfigur aus Ralagan, Grafschaft Cavan, Irland (etwa 1. Jahrhundert v. Chr.). Bevor die Kelten von den Griechen und Römern die Bildhauerkunst lernten, stellten sie Götter oder ihre Anbeter in Form von geschnitzten Holzfiguren dar. Diese männliche Figur besaß ursprünglich einen Phallus und verkörperte möglicherweise einen Fruchtbarkeitsgott.

Die Sagen um Artus

Die Könige, Königinnen und Helden der keltischen Mythen sind den Historikern meist unbekannt. Einige Ausnahmen gibt es im walisischen *Mabinogion*. Cassivelaunus erscheint beispielsweise in der Geschichte als belgischer Stammesführer, der das keltische Britannien gegen Caesar verteidigte, als dieser 54 v. Chr. zum zweiten Mal einfiel. Im Mythos von Branwen wird er zu Casswallan, dem König Britanniens. Die Mythen neigen dazu, die geschichtliche Realität zu ignorieren – so wird Casswallan nach London versetzt, das aber erst über hundert Jahre nach Cassivelaunus' Kampf gegen Caesar gegründet wurde. Solche Unstimmigkeiten zwischen Faktum und Fiktion sind unvermeidlich, wenn aus realen Männern und Frauen legendäre Helden und Heldinnen werden. Das wird nirgends deutlicher als im Sagenkreis um Artus.

Die frühsten Mythen über König Artus und seinen Hof wurden wahrscheinlich im 10. Jahrhundert auf Walisisch geschrieben. Die Geschichte von Kulhwch und Olwen ist gewiss eine der ersten. Sie versetzt uns in eine keltische Welt, die ganz andere gesellschaftliche Regeln hatte als die späteren Artussagen. Die Lieder des Chrétien de Troyes waren im 12. Jahrhundert die ersten Versionen der Artusromane. Beispielhaft für die geschliffenen mittelalterlichen Manieren um die höfische Liebe ist Lancelots Liebe zu Königin Ginevra. Aus den dreisten Kriegern der keltischen Tradition werden stattliche Ritter, und die heldenhafte Suche nach rätselhaften druidischen Zeichen wird zur christlichen Pilgerfahrt auf der Suche nach dem Heiligen Gral. Viele andere mittelalterliche Artusromane folgten, und die Sagen um König Artus und die Ritter an seiner Tafelrunde waren bald in ganz Europa bekannt. Mit der Zeit wurden die Abenteuer der Ritter mit der zentralen heldenhaften Gestalt des Artus verwoben, sodass aus einzelnen Geschichten „vollständige" Romane entstanden. Auch ursprünglich selbstständige Sagen wie *Tristan und Isolde* wurden einbezogen.

Wie beliebt die Artussagen im Spätmittelalter waren, verdeutlicht die Tatsache, dass Thomas Malorys Prosafassung *Die Geschichten von König Artus und den Rittern seiner Tafelrunde,* die 1485 veröffentlicht wurde, eines der ersten englischen Druckwerke war. Im 17. Jahrhundert, dem Zeitalter der Vernunft, fiel der mythische Artus in Ungnade, doch die Romantiker des späten 18. und des 19. Jahrhunderts ließen die mittelalterlichen Artusromane in ihrer Prosa und in ihren Versen wiederauferstehen. Der Höhepunkt war Lord Alfred Tennysons Gedicht *Königs-Idyllen* in der viktorianischen Periode. Auch in der Musik besann man sich auf die mittelalterlichen Sagen zurück. Richard Wagner fand mit seinen spätromantischen Artusopern *Lohengrin, Parsifal* und *Tristan und Isolde* ein großes Publikum. Das 20. Jahrhundert hielt die Tradition in Musik, Film, Kunst und Literatur am Leben. Romane von T. H. White, Rosemary Sutcliffe, Mary Stewart und Alan Garner sind nur einige der vielen Werke, die sich direkt oder indirekt mit Artus befassen.

Den historischen Artus haben die romantischen Sagen des Mittelalters und der Moderne fast unkenntlich gemacht. Frühe Berichte, zum Beispiel in der *Historia Brittonum* aus

Oben: Merlin als Hirsch (mittelalterliches Manuskript; Bodleian Library, Oxford, England). Als keltischer Weiser war Merlin ein Gestaltwandler. Die Verwandlung in einen Hirsch – Symbol für große animalische Kraft – entspricht der heidnischen Tradition der gehörnten Krieger und Götter wie Cernunnos.

Gegenüber: „König Artus, auf einer Ziege reitend" (Mosaik aus der Kathedrale von Otranto, Italien; 12. Jahrhundert). Auf diesem süditalienischen Mosaik, das sowohl biblische als auch heidnische Gestalten zeigt, wird der britische Held auf einem Reittier auf Lateinisch als „Rex Arturus" vorgestellt.

REX
ARTV
RVS

Oben: „Sir Gawains Versagen“ (Edward Burne-Jones, 1833–1898; Wolle und Seide, auf Baumwolle gewebt, 1895–1896). Burne-Jones wurde thematisch und stilistisch von den viktorianischen Präraffaeliten beeinflusst. Später gehörte er selbst zu diesem Künstlerkreis. Im letzten Jahrzehnt seines Lebens erwachte sein Interesse an Malory erneut, und er schuf für seine Mäzene eine Reihe von Wandteppichen zum Gralsthema.

dem 9. Jahrhundert und in Geoffrey von Monmouths *Historia Regum Britanniae* aus dem 12. Jahrhundert sind fragwürdige Quellen. Aber zusammen mit den Mythen deuten sie auf einen berühmten keltischen, römisch-britischen Krieger hin, der für ein Britannien kämpfte, das nach dem Abzug der römischen Legionen Anfang des 5. Jahrhunderts schutzlos war. Zu Artus' Feinden zählten wahrscheinlich die keltischen Pikten und Schotten, doch seine größten Schlachten führte er offenbar gegen die nichtkeltischen Angelsachsen. Der Mangel an zeitgenössischer schriftlicher Literatur förderte die mythische Heldenverehrung einer solchen patriotischen Lichtgestalt.

Mit Geoffrey von Monmouths „mythischer Geschichte" begann die Tradition, Episoden der Artussagen mit realen geografischen Orten zu verbinden. Am berühmtesten ist Schloss Tintagel in Cornwall, das seit dem Mittelalter als Artus' legendärer Geburtsort gilt. Die überaus dramatische Szenerie muss die frühmittelalterlichen romantischen Interpretationen inspiriert haben, und die Verbindung mit den sagenhaften alten Königen regte ihrerseits den Bau des Schlosses durch die Grafen von Cornwall im 13. Jahrhundert an. In jüngerer Zeit wurde „Merlins Grab" in Tintagel nach Artus' Magier benannt, um Ende des 19. Jahrhunderts den Tourismus anzukurbeln. Ein Stollen in einer viktorianischen Bleimine wurde zu „König Artus' Mine".

Bis vor Kurzem glaubte man noch, die „Insel" Tintagel sei ein Kloster ohne Bezug zu Artus gewesen. Doch ein Brand in den Achtzigerjahren des 20. Jahrhunderts enthüllte neue Baumerkmale und Funde, die beweisen, dass sie in der spätrömischen Periode eine wichtige Gemeinde war. Noch interessanter ist, dass sich die Stätte im 5. und 6. Jahrhundert offenbar zu einer mächtigen nachrömischen Festung und zu einem Handelszentrum entwickelte. Nach einer eigenständigen mittelalterlichen Sage war Tintagel allerdings der Palast des legendären Königs Mark von Cornwall, der mit Tristan und Isolde in Verbindung stand. So besitzen die Mythen sogar die Macht, das Gesicht einer Region zu prägen.

Links: „Die vier Königinnen finden den schlafenden Lancelot" (Frank Cadogan Cowper, 1877–1958; Öl auf Leinwand, 1954). Cowper war einer der letzten britischen Maler, die von den Präraffaeliten beeinflusst wurden. Selbst in diesem Spätwerk verraten das mittelalterliche Thema und der spätromantische Stil diesen Einfluss. Die Szene ist Malorys Geschichte von König Artus entnommen: Vier britische Königinnen finden den Helden schlafend unter einem Apfelbaum. Die Zauberin Morgane – „die Fee" – will ihn dazu bringen, eine der Frauen zu seiner Geliebten zu machen. Aber er bleibt Ginevra treu. Cowper versetzt die Szene in unsere Zeit: Die Königinnen sind Starlets der Fünfzigerjahre, die einen Filmstar bewundern.

KAPITEL SIEBEN

Kulhwch und Olwen

Die folgende Sage von Kulhwch und Olwen ist eine der bekanntesten Geschichten aus dem *Mabinogion* und eine der ältesten, in denen König Artus vorkommt. Die Erwähnung von Eisen- und Hufschmieden spricht für eine eisenzeitliche Szenerie. In diesem Fall spielt die Geschichte in der kulturellen Periode des „echten“ Artus. Die Jagd nach einem Fabeltier ist ein Merkmal der Heldensagen vieler Kulturen, ebenso unlösbare Aufgaben, die ein Tyrann einem Helden auferlegt, um eine Frau zu gewinnen. Typisch keltische Themen sind unter anderem die eifersüchtige Stiefmutter, uralte sprechende Tiere und die Befreiung eines Gefangenen. Diese Themen sind auch in Volkssagen beliebt. Der lebendige Erzählstil der Geschichte von Kulhwch und Olwen ist ebenfalls typisch keltisch.

Die Geschichte ist reich an britischen mythischen Gestalten. Die wichtigste ist Mabon, der keltische Gott der Jugend. Kulhwchs Bemühungen, den alten Gott zu befreien, lassen darauf schließen, dass der Mythos ursprünglich ein religiöses Ritual widerspiegelte, bei dem ein verlorener Gott symbolisch wiedergefunden wurde. Im Mittelalter gingen diese ursprünglichen Bedeutungen jedoch in der atemberaubenden Spannung der vordergründigen Erzählung unter.

Nach Kulhwchs Geburt starb seine Mutter. Vorher aber ließ sie den König, ihren Gemahl Kilydd Wledig, schwören, erst dann wieder zu heiraten, wenn auf ihrem Grab ein wilder Rosenbusch mit einem Blütenpaar wachsen würde. Mehrere Jahre später erschien der blühende Busch, und Kilydd heiratete König Dogeds Witwe. Sie verkündete sogleich, ihr Stiefsohn Kulhwch werde keine andere Frau heiraten als Olwen vom Hofe Artus'.

Deshalb ritt Kulhwch zum Schloss seines Vetters König Artus. Artus und seine Edlen waren sehr beeindruckt, als der Jüngling in den Hof ritt. Auf seinem schönen Grauschimmel lag eine rechteckige tiefrote Decke mit einem aufgestickten goldenen Apfel an den Ecken. Zügel, Sattel, Steigbügel und Hufeisen waren aus Gold. Die Hufe des Pferdes wirbelten den Boden derart auf, wenn es galoppierte, als sei Kulhwchs Kopf ständig von vier Schwalben umkreist. In jeder Hand hielt er einen silbernen Speer; und am Schenkel lag ein Schwert aus Gold, dessen Schneide ein Kreuz in der Farbe des Blitzes zierte. Die zwei Windhunde, die neben ihm liefen, hatten eine strahlend weiße Brust und trugen ein mit Rubinen besetztes Halsband. Das Pferd war so leichtfüßig, dass zum Erstaunen der Zuschauer noch nicht einmal die Grashalme umgeknickt wurden.

Artus begrüßte den stattlichen Fremden herzlich und bot ihm einen hohen Platz an der Tafel an. „Herr, ich komme nicht, um zu essen und zu trinken", sagte Kulhwch, „sondern um Euch um einen Gefallen zu bitten."

„Du sollst alles auf dem Land oder dem Meer bekommen, was Wind, Regen und Sonne berühren, abgesehen von meinen Schiffen, meinem Schwert, meinem Schild, meinem Mantel, meinem Speer und meiner Königin Ginevra."

„Dann bitte ich um Olwen, die Tochter von Ysbaddaden", sagte Kulhwch.

„Ich habe nie von ihr gehört", sagte Artus. „Aber meine Männer werden sie ein Jahr lang suchen, und so lange bleibst du hier als mein Gast."

Ein Jahr später kehrten die Männer erfolglos zurück. „Ihr habt meine einzige Bitte nicht erfüllt", sagte Kulhwch. „Darum verlasse ich den Hof mit einem Teil Eurer Ehre."

„Du hast den König beleidigt!", rief Kai. „Komm mit und sieh selbst, dass diese Frau nirgendwo zu finden ist." Kai war einer der herrlichen Helden an Artus' Hof. Er konnte unter Wasser neun Tage und Nächte den Atem anhalten; sein Schwert schlug Wunden, die niemals heilten; und er konnte in einem Augenblick groß wie ein Baum werden.

Artus wählte mehrere Helden aus, die Kulhwch auf seiner Suche begleiten sollten. Mit ihnen ging Bedivere der Einhändige, den niemand außer Artus im Laufen besiegen konnte. Sein Speer hatte die Kraft von neun Speeren, und seine Hand war stark wie drei Krieger auf dem Schlachtfeld. Auch Kynthelig, der Führer, war dabei, ebenso Gawain, Artus' Neffe und Erbe, der noch nie ohne Erfolg von einem Auftrag zurückgekehrt war. Menw, der die Gruppe an gefährlichen Orten auf magische Weise unsichtbar machen konnte, und Gwyr, der die Sprache der Menschen und der Tiere verstand, gingen ebenfalls mit.

Die Helden ritten viele Tage lang durch die Berge, bis sie eine weite Ebene erreichten. In der Ferne sahen sie ein prächtiges Schloss; und obwohl sie geradewegs darauf zuritten, dauerte es mehrere Tage, bis es endlich über ihnen emporragte. Vor dem Schloss trafen sie einen riesigen Schäfer namens Custennin, dessen Herde bis zum Horizont reichte. Sie erzählten ihm von ihrer Suche; aber er warnte sie: Bisher habe kein Mann das Schloss lebend verlassen. Sie boten ihm einen goldenen Ring für Informationen über Olwen an, und er schickte sie zu seiner Frau, die in einer Hütte neben dem Schloss wohnte. Sie eilte ihnen entgegen und umarmte Kai, der rasch einen Baumstamm aus einem Stapel zog und zwischen die Arme der Frau schob. Bald fiel der Stamm übel zugerichtet zu Boden.

„Was für eine Begrüßung!", sage Kai. „Wäre ich dieser Baumstamm gewesen, hätte mich niemand mehr umarmt."

Sie betraten die Hütte, und die seltsame Frau gab ihnen zu essen. Dann erkundigten sie sich nach Olwen. „Sie kommt alle sieben Tage zu mir, um zu baden und ihre Kleider zu waschen", sagte die Alte. „Aber ihr müsst schwören, ihr nichts anzutun, denn sie ist die lieblichste Maid im Königreich." Als Olwen kam, trug sie eine flammend rote Seidenrobe mit einem Kragen aus rötlichem Gold, besetzt mit Rubinen und Smaragden. Ihr Haar war goldener als Ginster, ihre Haut weißer als Schaum auf den Wellen. Ihre Finger waren schöner als die Anemonen neben der Quelle, und ihre Augen strahlten wie die eines Falken. Der flaumigen Brust eines Schwanes glichen ihre Brüste, roten Rosen ihre Wangen. Alle, die sie sahen, liebten sie. Weiße Blüten mit drei Blättern sprossen bei jedem ihrer Schritte, und darum hieß Olwen sie „weiße Spur".

Gegenüber: „Kulhwch, der Königssohn" (Tempera auf Holz von Arthur Joseph Gaskin, 1862–1928). Die Temperafarben sowie die sonderbare Perspektive und die flachen Formen verraten Gaskins Interesse an den frühen italienischen Malern. Er entschied sich bewusst für diesen mittelalterlichen Stil und für Motive aus der Artussage. Kulhwch ist hier ein höfischer Jäger der Ritterzeit. Der deutliche Kontrast zwischen dem feinen Gewand des Prinzen und den selbst geschneiderten Kleidern des Pikörs könnte Gaskins sozialistische Neigungen widerspiegeln.

Kulhwch gestand ihr, dass er sie liebe, seitdem er als Kind ihren süßen Namen gehört habe. Olwen erwiderte seine Liebe, erklärte ihm aber, er müsse die Bedingungen ihres Vaters erfüllen, um ihre Hand zu erringen. Dann führte sie ihn und seine Gefährten ins Schloss und stellte sie dem König vor. „Hebt die Haut hoch, die über meine Augen gefallen ist", sagte Ysbaddaden, „damit ich sehe, welcher Mann mein Schwiegersohn werden will."

Als er Kulhwch gesehen hatte, schickte er die Gruppe fort, nachdem er ihnen eine Antwort bis zum nächsten Morgen versprochen hatte. Doch als sie gingen, warf er einen vergifteten Pfeil nach ihnen. Bedivere hörte sein Zischen, fing ihn auf, warf ihn zurück und traf Ysbaddaden am Knie. „Behandelt man so seinen Schwiegervater?", schrie der König. „Wegen dieser Unhöflichkeit werde ich ewig humpeln!"

Die Krieger kehrten in Custennins Hütte zurück und begaben sich am folgenden Tag wieder zum König, um seine Entscheidung zu hören. „Ich brauche die Zustimmung von Olwens Großeltern", sagte der König. Als sie gingen, warf er ihnen erneut einen Pfeil nach. Diesmal schleuderte Menw ihn zurück und durchbohrte Ysbaddadens Brust. „Verflucht sei dieser unhöfliche Schwiegersohn!", schrie der König. „Ich werde nie wieder ohne Schmerzen in der Brust auf den Berg steigen können!"

Am nächsten Tag gingen die Krieger wieder zu Ysbaddaden, und erneut warf er einen Pfeil auf sie. Kulhwch fing ihn auf, warf ihn zurück und durchbohrte das Auge des Königs. „Ich werde nie wieder gut sehen!", sagte der König. „Verflucht sei der Schmied, der diese eisernen Pfeile gemacht hat!" Sie setzten sich und aßen, und Ysbaddaden sagte: „Du willst also meine Tochter heiraten. Zuerst musst du schwören, mich nie ohne Grund zu verletzen. Zweitens musst du mir alles bringen, was ich begehre. Nur dann wird meine Tochter dir gehören."

„Was ist Euer Begehr?", frage Kulhwch.

„Mein Haar und mein Bart wurden seit Jahren nicht geschnitten", sagte der König. „Aber dafür brauche ich den Kamm, die Klinge und die Schere zwischen den Ohren des riesigen Ebers Twrch Trwyth. Bringe sie mir, und meine Tochter ist dein. Einen Rat gebe ich dir mit: Lass dir von Mabon dem Jäger helfen. Nur er kann mit seinem Hund Drudwyn den Eber erlegen. Doch niemand hat ihn gesehen, seit man ihn seiner Mutter gestohlen hat, als er drei Tage alt war. Du musst seinen Verwandten Eidoel finden; vielleicht kann er dir sagen, wo Mabon heute lebt."

Kulhwch und seine Gefährten fanden Eidoel bald. Er riet ihnen, einen verzauberten Vogel zu fragen, die Schwarz-

Oben: Der „Drosten-Stein" (piktische Kreuzplatte aus St. Vigeans, Schottland; 9. Jahrhundert n. Chr.). In der spätkeltischen Kunst der Pikten leben die Themen und der Stil der älteren Zeit weiter. Auf dem Schaft dieses christlichen Kreuzes ist die Herrschaft von Tieren über Tiere und der Menschen über Tiere dargestellt. Ein Adler packt einen Lachs, während ein Jäger einen wilden Eber schießt. Die Spirallinien des Dekors und der Figuren gleichen keltischen Motiven, hier von piktischen Bildhauern in einem kraftvollen und naiven Stil umgesetzt.

drossel von Kilgwri. Gwyr, der die Vogelsprache verstand, fragte: „Wo finden wir Mabon, der zwischen seiner Mutter und der Wand gestohlen wurde, als er drei Nächte auf der Welt war?“

„Hier stand einst der Amboss eines Schmiedes“, sagte der Vogel, „und ich habe viele Jahre lang daran gepickt und ihn bis zur Größe einer Nuss abgetragen. Aber ich schwöre, dass ich nie von Mabon gehört habe. Es gibt jedoch Tiere, die viel älter sind als ich. Ich werde euch zu ihnen bringen.“ Sie führte die Krieger zum Hirsch von Rhedenvre. „Wir kommen zu dir, großer Hirsch“, sagte Gwyr, „weil wir kein Tier kennen, das älter ist als du. Vielleicht weißt du, wo wir Mabon den Jäger finden.“

„Hier war früher eine große Ebene“, antwortete der Hirsch, „auf der nichts wuchs außer einem Eichenschössling. Diese Eiche habe ich zu einem riesigen Baum mit hundert Ästen heranwachsen sehen, und ich habe verfolgt, wie er zu dem morschen Stumpf zerfiel, den ihr vor euch seht. Doch in all diesen Jahren habe ich nie von Mabon gehört. Ich werde euch zu einer Eule bringen, die älter ist als ich.“ Und der Hirsch führte sie zur Eule von Cwm Cawlwyd.

„Ich würde es euch sagen, wenn ich es wüsste“, sagte die Eule zu Gwyr. „Aber als ich in dieses breite Tal kam, war es eine schmale, bewaldete Schlucht. Dann entwurzelten die Menschen jeden Baum. Seither sind hier zwei weitere Wälder gewachsen, und dennoch habe ich nichts von dem Mann gehört, den ihr sucht. Doch ich werde euch zum ältesten Tier der Welt bringen, zum Adler von Gwernabwy.“

„Viele Jahre sind vergangen, seitdem ich hierher kam“, sagte der Adler. „Damals war dieser Fels so hoch, dass ich nachts an den Sternen picken konnte. Jetzt ist er nur noch eine Spanne hoch. Trotzdem habe ich in all der Zeit nichts von diesem Mabon gehört. Aber vor vielen Jahren, als ich über Llyn Llyw kreiste und Futter suchte, erblickte ich einen Lachs. Ich wollte ihn fangen, doch er zog mich hinab in die Tiefe, und ich hatte Mühe, ihm zu entkommen. Ich kehrte mit anderen Adlern zum See zurück, und er schloss Frieden mit mir. Zum Zeichen der Freundschaft zog ich ihm fünfzig Harpunen aus dem Rücken. Er muss älter als ich sein, und ich werde euch zu ihm bringen.“

Der Adler führte sie zum Lachs von Llyn Llyw. „Ich besuche dich, alter Freund“, sagte der Adler, „weil diese Männer von Artus’ Hof kommen und Mabon suchen, der im Alter von drei Tagen gestohlen wurde, als er zwischen seiner Mutter und der Wand lag.“

„Wenn die Ebbe kommt“, erwiderte der Lachs, „schwimme ich stromaufwärts nach Gloucester. Dort geschieht viel Böses. Zwei von euch müssen auf meinem Rücken dorthin reiten, um es selbst zu sehen.“ Kai und Gwyr meldeten sich, und der Lachs brachte sie hüpfend und flink nach Gloucester, wo sie laute Schreie aus einem Schlosskerker neben dem Fluss hörten.

„Wer schreit so in diesem steinernen Verließ?“, rief Gwyr.

„Ich bin es, Mabon, der Sohn von Modron“, lautete die Antwort.

Die Krieger kehrten zu Artus zurück, der Gloucester mit seiner ganzen Armee belagerte. Während der Schlacht drangen Kai und Gwyr vom Fluss her in den Kerker ein und retteten Mabon auf dem Rücken des Lachses. Anschließend rief Artus alle Krieger Britanniens auf, den Eber Twrch Trwyth zu jagen. Dieser lebte damals mit sieben jungen Schweinen in Irland. Man ließ die Hunde auf ihn los, und sie jagten ihn bis ans Meer und ließen ein Fünftel Irlands verwüstet hinter sich zurück. Der Eber schwamm nach Wales, und Artus folgte ihm mit seinen Kriegern. In Irland wurden die sieben Schweine nacheinander erlegt; aber der Eber tötete auch viele Gefährten des Königs.

Schließlich erreichten sie den Fluss Severn, den der Eber überqueren wollte, um nach Cornwall zu gelangen. Da erschien Mabon, schwang sich auf den Rücken des Tieres und stahl ihm geschickt das Rasiermesser. Kai entwendete ihm die Schere. Aber das Tier stürzte sich mit dem Kamm im Nackenhaar in die Flussmündung. Erst nach einem harten Kampf am Ufer von Cornwall wurde ihm der Kamm abgenommen. Twrch Trwyth verschwand im Meer und wurde nie mehr gesehen.

Die Krieger kehrten zu Ybaddadens Schloss zurück und verfluchten den König wegen ihrer Gefährten, an deren

Gegenüber: „Olwen“ (Aquarell von Alan Lee, 1981). Olwen ist hier mitten in der Natur und als Bewohnerin der keltischen Anderswelt dargestellt. Der Rahmen zeigt Krieger, die an Artus’ Tafel über Kulhwchs Suche nach der unbekannten Olwen sprechen. Im unteren Rahmenteil reiten die Krieger aus, um Ysbaddadens Tochter zu suchen.

Tod er schuld war. Sie schoren ihm den Bart bis zum Knochen.

„Seid Ihr glatt genug rasiert?“, fragte Kulhwch.

„Ja“, sagte Ysbaddaden, „und meine Tochter ist dein. Aber ohne Artus’ Hilfe hättest du sie niemals gewonnen, denn ich hätte sie dir nicht aus freiem Willen gegeben. Jetzt habe ich sie verloren und muss sterben.“

So begegnete Kulhwch Olwen, Ysbaddadens Tochter, und nahm sie zur Frau.

Oben: Bronze-Eber aus Bata, Ungarn (2. Jahrhundert v. Chr.). Der Eber blieb während der gesamten heidnisch-keltischen Periode ein Symbol des wilden Kriegers. Diese Figurine wurde möglicherweise als Helmschmuck getragen. Die gesträubten Rückenhaare symbolisieren die Aggressivität des Tieres. In den Mythen bleibt auch das Haar der keltischen Krieger in der Schlacht ständig gesträubt. Historiker nehmen an, dass sie mit Kalk nachgeholfen haben.

Oben: Krieger mit Eber-Helmschmuck (Bronzematrize für die Herstellung von dekorativen Helmplatten aus Torslunda, Schweden; 8. Jahrhundert n. Chr.). Kulturelle Verbindungen zwischen dem Skandinavien vor der Wikingerzeit und den Kelten spiegeln sich in der Ähnlichkeit der Kriegeraristokratien und der Rüstungen wider. Solche Eber-Helmplatten sind auch auf Darstellungen keltischer Krieger zu sehen.

Keltische Religion

Unser Verständnis der keltischen Religion wird – vielleicht mehr als jeder andere Aspekt des Keltentums – durch das Fehlen schriftlicher Quellen und problematische Interpretationen archäologischer Funde erschwert. Hinzu kommt, dass viele religiöse Rituale der Kelten geheim blieben, zum Teil wegen des großen politischen Respekts, den keltische Priester genossen und der ihr Elitedenken förderte.

Darum müssen wir auf die begrenzten Beobachtungen der antiken nichtkeltischen Autoren zurückgreifen, die jedoch befangen waren, weil sie die Kelten für Barbaren hielten. Der Grieche Diodor von Sizilien weist im 1. Jahrhundert v. Chr. in seinem Werk (Buch V, 31) auf den hohen gesellschaftlichen Rang und die Gelehrtheit der Druiden hin: „Diese Männer, die bei uns Philosophen und Theologen heißen, werden hoch geachtet. Man nennt sie Druiden ..., und ohne sie darf nicht geopfert werden ..., weil nur sie die Sprache der Götter verstehen." Da allein die Druiden für die Religion zuständig waren, werden sie auch in den Mythen von Stammesführern und Königen um Rat gefragt. Ähnlich wie die griechischen Orakel beeinflussten sie politische Entscheidungen. Julius Caesar erwähnt in *Der Gallische Krieg* (Buch VI, 13–18), das druidische System sei in Britannien entstanden und von dort nach Gallien gelangt. Auch er berichtet von der großen Autorität der Druiden in Religion, Erziehung und Rechtsprechung. Von Kriegsdienst und Steuern seien sie befreit. Ihre Schüler müssten „viele Verse auswendig lernen, manchmal zwanzig Jahre lang. Es gilt als Sakrileg, ihre Lehren aufzuschreiben."

Auch die Bedeutung der Propheten in der keltischen Religion fiel Diodor auf: „Diese Männer sagen die Zukunft voraus, indem sie den Flug und den Ruf der Vögel beobachten und heilige Tiere opfern. Sie haben Macht über alle Gesellschaftsschichten ..., und bei sehr wichtigen Angelegenheiten stoßen sie einem menschlichen Opfer einen Dolch in die Brust und lesen die Zukunft aus dem Zucken seiner Glieder, wenn er fällt, und aus dem Fließen seines Blutes." Neuere archäologische Funde bestätigen, dass die Kelten Menschen opferten. In den Achtzigerjahren des 20. Jahrhunderts entdeckte man bei Grabungen an einem heiligen Ort der Gallier, bei Ribemont in der französischen Picardie, Gruben mit Menschenknochen. Die Oberschenkelknochen waren bewusst in rechtwinkligen Mustern angeordnet. Julius

Oben Mitte: Heidnisch-keltische Steinfiguren (Insel Boa, Lough Erne, Grafschaft Fermanagh, Irland; etwa 5.–7. Jahrhundert n. Chr.). Die doppelseitigen Figuren stehen zwar auf einem christlichen Friedhof, haben aber den Gesichtsausdruck der keltischen Skulpturen.

Oben: Rekonstruiertes Tor zu einem keltischen Schrein (Roquepertuse, Bouches-du-Rhône, Frankreich; 3.–2. Jahrhundert v. Chr.). Die Nischen der Säulen enthielten die Schädel gesunder junger Männer, die wahrscheinlich nach einer Schlacht Opfer von Kopfjägern wurden.

Caesar ebnete dieses Heiligtum während seines Eroberungskrieges in Gallien ein. Der „Lindow-Mann", den man vor Kurzem in einem Torfmoor von Cheshire fand – und der sich jetzt im Britischen Museum in London befindet –, könnte ebenfalls ein druidisches Opfer gewesen sein.

Die Namen der keltischen Gottheiten kennen wir aus späteren Mythen und von religiösen Inschriften der römischen Periode Galliens und Britanniens. Aber mehrere Gründe sprechen dafür, dass ihre Natur und ihre mythische „Biografie", verglichen mit den vielen erhaltenen Göttersagen der anderen alten Kulturen, verborgen blieben. Keltische Künstler schufen selten anthropomorphe Bilder, bevor sie während der La-Tène-Periode (zwischen dem 3. und 1. Jahrhundert v. Chr.) von der griechischen Kultur beeinflusst wurden. Darum sind die späten Darstellungen keltischer Gottheiten im griechisch-römischen Stil nicht sehr hilfreich bei der Frage, wie die Kelten ursprünglich zu ihren Göttern standen. Ebenso schwierig ist es, der keltischen Literatur Informationen über heidnische religiöse Rituale zu entnehmen, da christliche Autoren alle offenkundig heidnischen Elemente umschrieben oder getilgt haben. Einige Gelehrte sind allerdings der Meinung, die Strukturen vieler Mythen spiegelten ihre ursprüngliche Bedeutung für druidische Rituale wider, und die Texte enthielten viele wichtige heidnische Details.

Keltische Gottheiten und Rituale wurden während der römischen Herrschaft mit ihren griechisch-römischen Gegenstücken vermischt. Merkur, der Gott der Kaufleute und „Erfinder aller Künste", fand seine keltische Entsprechung in Lug, der in der irischen Mythologie „gewandt in allen Künsten" ist. Tiergötter waren in der keltischen Religion wichtig, und Epona – vor allem als Pferdegöttin verehrt – war sogar Patronin der römisch-britischen Kavallerie. Cernunnos, „der Gehörnte", ist nicht nur mit dem Hirsch, sondern auch mit Stieren, Widdern und anderen starken männlichen Tieren verbunden. Er war Jäger, aber auch Beschützer der Tiere und überlebte in britischen Volkssagen als Herne, der Jäger.

Keltische Göttinnen und Götter symbolisierten die Elementarkräfte, und den klassischen Autoren zufolge standen ihre Schreine meist in abgeschiedenen Wäldern. Viele dieser heiligen Orte sind verschwunden, und unser Wissen über Rituale beschränkt sich hauptsächlich auf die monumentalisierten Heiligtümer der römischen Periode. Obwohl Beweise fehlen, fanden druidische Rituale wahrscheinlich auch in vorkeltischen Monumenten statt, etwa in Steinkreisen. Das keltische religiöse Jahr drehte sich um die Macht der Sonne und des Mondes über die Jahreszeiten und die Natur, und topografische „Brennpunkte" der Verehrung wurden bestimmt. Darum trafen sich die irischen Druiden auf dem Uisnech, dem „Nabel" Irlands, und Stonehenge in Südengland könnte ebenfalls ein solches Zentrum gewesen sein.

Das keltische Jahr wurde in Sommer und Winter eingeteilt. Der Sommer begann am ersten Mai nach dem Fest Beltene am Vorabend des ersten Mai. Während dieses Festes zu Ehren des „Feuers von Bel" – der irische Bile war ein alter Gott des Lebens und des Todes – löschte man das häusliche Feuer und zündete es mit einem druidischen Feuer neu an. Der Winter begann am ersten November. Ihm voraus ging das Fest Samhain – Halloween –, an dem nach irischem Glauben die Síde, Feen der Anderswelt, unterwegs waren; dies war die Zeit der Toten.

Unten: St. Bride (John Duncan, Tempera auf Leinwand, 1913). Die heidnisch-keltische Göttin Brigid war die Tochter von Dagda, der zur ursprünglich irischen Götterfamilie der Tuatha Dé Danann gehörte. Um 450 n. Chr. wurde sie als St. Brigid und Gründerin des ersten Nonnenklosters in Kildare christianisiert. Nach einer schottischen Sage reiste sie von Iona nach Bethlehem und kehrte mit dem Jesuskind zurück. Duncan stellt sie zugleich als heidnische Göttin des Frühlings dar, die von Engeln über den Sund von Iona getragen wird.

Gegenüber oben: Maponus-Kopf aus Corbridge, Northumberland, England (etwa 2.–4. Jahrhundert n. Chr.). In den Steinkopf wurde eine Mulde gehauen, in die man Getränke goss. Maponus war der göttliche Jüngling Nordbritanniens.

KAPITEL ACHT

Tristan und Isolde

Die Geschichte von Tristan und Isolde entstand in heidnisch-keltischen Zeiten und wurde später viele Male umgeschrieben. Seit dem Mittelalter sind Hunderte von verschiedenen Fassungen erschienen. Der Höhepunkt war Wagners Oper *Tristan und Isolde*, eines der größten romantischen Werke des 19. Jahrhunderts. Moderne Gelehrte führen die späteren Versionen auf zwei wichtige literarische Quellen des Mittelalters zurück: die Verse des Anglonormannen Thomas d'Angleterre und des Deutschen Eilhart von Oberg sowie auf die französischen Prosaromane des 13. Jahrhunderts. Zwei weitere Fassungen des französischen Dichters Beroul aus dem 12. Jahrhundert haben spätere Autoren nicht verwendet. Jede dieser fünf frühen Versionen geht wahrscheinlich auf ein nicht erhaltenes Original zurück. Diese mutmaßliche erste schriftliche Fassung muss der Höhepunkt einer mündlichen Tradition sein, die vorchristliche keltische Geschichtenerzähler begründeten.

Die Argumente für einen keltischen Ursprung stützen sich vor allem auf die Topografie der Geschichte, die uns durch die meisten frühkeltischen Gebiete führt, obwohl die Episoden in der späteren keltischen Bretagne auf eine christliche Bearbeitung hindeuten. In den mittelalterlichen Erzählungen steht König Marks Schloss in Tintagel, das mit Artus verbunden ist. Tristans Heimat war in den älteren Versionen Lyonesse; die Tradition verlegt dieses vergessene Land vor die Küste von Cornwall, und es gibt viele lokale kornische Sagen von Wäldern und läutenden Glocken im Meer. Lyonesse – vom keltischen Sonnengott Lug abgeleitet – könnte auch ein mythischer Name für das piktische Lothian sein.

Mittelalterliche Literaturmäzene wie Eleanor von Aquitanien ermutigten ihre „Troubadoure“ zu neuen Fassungen der alten Liebesgeschichten, welche die zeitgenössische „höfische Liebe“ hervorhoben und die damalige religiöse Einstellung berücksichtigten. Die mittelalterlichen „Revivals“ im Europa des 19. Jahrhunderts inspirierten romantische Interpretationen der wiederentdeckten Versdichtungen. Wagners Hauptquelle war das Gedicht Gottfried von Straßburgs (um 1210), aber die Geschichte berührte ihn auch selbst, weil sie seine Liebesaffäre mit Mathilde Wesendonck, der Frau seines besten Freundes, widerspiegelte. Tennyson und andere viktorianische Dichter steuerten eigene Versionen bei.

Die ursprünglich heidnisch-keltische Natur der Geschichte ging nie verloren, denn es ist schwierig, eine Geschichte vollständig zu christianisieren oder zu entschärfen, die von Ehebruch handelt. Viele glauben sogar, dass die Christen selbst den Liebestrank einfügten, um die Sünde der Liebenden zu entschuldigen. Wahrscheinlicher ist, dass es sich hier um die christliche Interpretation eines keltischen Elements handelt, denn Magie kommt in keltischen Mythen häufig vor und spiegelt druidische Rituale wider. Ironischerweise bereiten die Mönche des Klosters Lindisfarne heute noch einen Liebestrank nach einem Geheimrezept zu! Die Kindheit und die Heldentaten Tristans erinnern an den irischen Cúchulainn und an den walisischen Pryderi. Die Beschreibung der starken, kompromisslosen Isolde und die Grundelemente der Handlung gleichen den Mythen von der irischen Deirdre und der walisischen Branwen. Es gibt keine „authentische“ Version von Tristan und Isolde. Wichtige Handlungsdetails unterscheiden sich je nach Fassung, und die Motive der Hauptcharaktere hängen von denen des Autors und des Publikums ab. Bekanntere Episoden werden hier in eine Prosafassung aufgenommen, die auf offenkundig christliche und mittelalterliche Einschübe verzichtet. Einige mittelalterliche französische Troubadoure werden jedoch einbezogen, um die keltische Geschichte anzureichern.

Gegenüber: Verziertes „q“, der erste Buchstabe der lateinischen Fassung des Lukasevangeliums (illuminierte Handschrift der Evangelien, Lindisfarne, Northumbria, England; um 698 n. Chr.). Christliche Mönche, die in keltischen Gebieten missionierten, verzierten ihre christlichen Handschriften oft im keltischen Stil. Oft fügten sie heidnische Ungeheuer und Menschen in die Muster ein. Teure Farben wie Gold und Silber erhöhten den materiellen Wert dieser spirituellen Texte und damit die Wahrscheinlichkeit, dass Wikinger die Klöster plünderten.

Oben: Siedlung aus der Eisenzeit bei Chysauster, Cornwall, England (etwa 1. Jahrhundert v. Chr.–3. Jahrhundert n. Chr.). Die gut erhaltenen Ruinen von neun „Hofhäusern“ bei Chysauster säumen einen mit Steinen gepflasterten Weg, der in einen offenen Hof führt. Ursprünglich hatten die Häuser Strohdächer, Abwasserrinnen und Terrassengärten.

König Mark herrschte über Cornwall und residierte in einer Burg bei Tintagel, einer Festung auf einem hohen, felsigen Vorgebirge über dem Irischen Meer. Cornwall führte Krieg gegen Irland, und Marks Verbündeter, Rivalin von Lothian, segelte von Schottland nach Cornwall, um ihm zu helfen. Zum Dank dafür erlaubte Mark ihm, mit seiner Schwester als Gemahlin nach Lothian zurückzukehren. Sie starb, als sie einen Sohn gebar, der wegen dieses traurigen Ereignisses Tristan getauft wurde.

Erzogen wurde Tristan von Gorvenal, einem vertrauenswürdigen Weisen an Rivalins Hof. Der Knabe lernte Fechten und Diplomatie, Jagen und Schwimmen. Eines Tages,

Unten: Luftbild von Tintagel, Cornwall, England. Der äußere Hof des Schlosses aus dem 13. Jahrhundert befindet sich auf dem Festland (Mitte links). Eine moderne Brücke führt über einen steilen Felsweg zum Inselhof. Am höchsten Punkt der Insel stehen die Ruinen der mittelalterlichen christlichen Kapelle. Archäologen entdeckten auf der Insel eine ältere, nachrömische Festung aus der „Artus-Ära“ (um 450–600 n. Chr.). Lokalen mittelalterlichen Sagen zufolge wurde Artus hier geboren; für andere war die Burg König Marks Schloss und Schauplatz der Geschichten über Tristan und Isolde.

als er auf dem Fels saß und für die Seevögel Harfe spielte, sah Gorvenal, dass der Knabe bereit war. „Junger Tristan", sagte er, „ich habe dich alles gelehrt, was ich weiß. Nun ist es Zeit für dich zu sehen, was jenseits der Grenzen liegt."

„Aber wohin soll ich gehen?", fragte Tristan.

„Dorthin, wohin der Wind dich weht und dein Herz dich führt."

Also segelte Tristan mit seinem Lehrer Gorvenal nach Cornwall, ins Land seiner Mutter. Als sie sich der Burg Tintagel näherten, sagte Tristan zu seinen Männern: „Keiner von euch darf diesen edlen Leuten sagen, wer ich bin. Ich will, dass sie mich aus Respekt vor meinen Manieren empfangen, nicht wegen meines königlichen Standes."

König Mark hieß sie in seiner Burg willkommen und lud sie am Abend zu einem Bankett ein. Als der Wein strömte, wandte er sich an seine Gäste: „Sagt uns, Fremde, wer ihr seid und woher ihr kommt."

„Wir kommen aus dem Norden", antwortete Tristan, „und unsere Väter sind Händler. Aber keiner von uns hat Talent dafür, darum wollen wir Euch als Krieger dienen." Dann spielte Tristan auf seiner Harfe, und die traurigen Melodien brachten den ganzen Saal zum Verstummen.

„Ihr dürft gerne hierbleiben", sagte König Mark.

Über ein Jahr lang blieben Tristan und seine Männer aus Lothian in Tintagel. Der Krieg gegen Irland war mit einem Vertrag beendet worden, in dem Mark versprach, dem König von Irland jährlich einen Tribut zu zahlen. Nach der

Rechts: Außenseite der Kirche St. Marias und St. Davids in Kilpeck bei Hereford, England (12. Jahrhundert n. Chr.). Das heidnische Dekor zeigt spätkeltische Krieger, die mit Drachen verschlungen sind.

Links: Steinkopf (Salzburg, Österreich; etwa 1. Jahrhundert v. Chr.–1. Jahrhundert n. Chr.). Die Kelten glaubten, Köpfe hätten magische Kräfte. Darum hatten die Köpfe der Feinde großen Wert als Siegesbeute. In den Mythen ist oft von mächtigen Köpfen die Rede. Behauene Steinköpfe hatten wahrscheinlich eine ähnliche rituelle Bedeutung.

Ankunft der Krieger aus Lothian beschloss Mark, den Tribut zu verweigern, der ihn verpflichtete, kornische Knaben und Mädchen in die Sklaverei zu schicken. Nun hatte Tristan die Chance, sich zu bewähren.

Irland hatte damals einen neuen Helden: Morholt, den Bruder der Königin, ein großer Krieger. Tristan sah Morholts Schiff auf Tintagel zusegeln, und er wusste, warum es kam. Morholt ließ sein Schiff an den Strand ziehen und schickte dem König eine Botschaft, in der er den Tribut forderte. „Ohne Kampf bekommt er ihn nicht", sagte Tristan. Da niemand sonst zu einem Zweikampf gegen Morholt bereit war, meldete sich Tristan. Mark war einverstanden und versprach, Tristan in den Adelsstand zu erheben, wenn er siegte.

Morholt nahm die Herausforderung unter der Voraussetzung an, dass sein Gegner wie er von königlichem Geblüt sein müsse.

Jetzt konnte Tristan nicht mehr verbergen, wer er war. „Ich bin der Sohn König Rivalins von Lothian", sagte er, „und der Neffe von König Mark." Mark war glücklich und traurig zugleich darüber, dass dieser edle Jüngling der Sohn seiner Schwester war und dennoch sein Leben für Cornwall aufs Spiel setzte. Aber Tristan ließ sich nicht umstimmen, und man vereinbarte, dass der Kampf auf einer kleinen Insel vor Tintagel ausgetragen werden sollte.

Am frühen Morgen des festgesetzten Tages ruderte Tristan zur Insel, und als er sah, dass Morholt sein Boot ans Ufer zog, ließ er sein Boot abtreiben und watete an Land. Morholt war überrascht. „Warum hast du dein Boot aufs Meer hinausgestoßen?", fragte er.

„Nur einer von uns wird diese Insel verlassen", erwiderte Tristan, zog sein Schwert und schlug als Erster zu.

Die Seevögel waren die einzigen Zeugen des langen, blutigen Kampfes. Tristan schlug auch als Letzter zu. Sein Schwert drang durch Morholts Helm und spaltete ihm den Schädel. Das irische Schiff holte ihn von der Insel, während Tristan im Boot zurück nach Tintagel ruderte, wo in dieser Nacht großer Jubel herrschte. Aber Tristan war seltsam verstört, denn sein Schwert war beschädigt, und ein kleines Stück fehlte.

Morholt starb auf der Fahrt nach Hause, und in Irland war die Trauer groß. Isolde, die Tochter des Königs, hatte von ihrer Mutter gelernt, welche Kräuter Zauberkräfte besitzen. Als sie versuchte, Morholt wiederzubeleben, zog sie einen Metallsplitter aus seinem zerbrochenen Schädel. Sie wickelte ihn in Seide, denn sie wusste, dass sie eines Tages das Schwert finden würde, zu dem er gehörte; dann würde sie ihren Onkel rächen.

Tristan war von Morholts Speer leicht verwundet worden, aber zunächst wusste er nicht, dass Isolde die Spitze vergiftet hatte. Die Wunde begann zu eitern, und bald stank sie derart, dass niemand mehr Tristans Zimmer betrat. Tristan wusste, dass das Gegengift irgendwo jenseits des Meeres zu finden war, und er ließ sich hinaus aufs Meer stoßen, wo er viele Tage lang umhertrieb. Der Meeresgott Manannán behütete ihn und pustete sein Boot behutsam nach Irland. Als das Land in Sicht kam, hob Tristan seine Harfe auf und sang. Die Menschen in Dublin staunten über das Boot ohne Steuermann. Als es herantrieb, hörten sie die sanften Klänge der Harfe und den Gesang. Die Musik verzauberte sie, und sie zogen das Boot ans Ufer und trugen den verwundeten Sänger, der sich Tantris nannte, zum Schloss. Dort pflegten ihn Isoldes Zofen und heilten ihn mit den Kräutern der Prinzessin. Doch die beiden trafen sich erst, als es für Tristan Zeit war, nach Cornwall zurückzukehren.

In Cornwall hielt man ihn seit langem für tot. Darum war der Jubel bei seiner Rückkehr groß. Aber einige Leute am Hof waren neidisch auf ihn, weil er als Fremder die Zuneigung des Königs gewonnen hatte. Sie beschlossen, für Mark eine Frau zu suchen, damit ihm ein Sohn und Thronerbe geboren werde. Der König durchschaute ihre finsteren Pläne und fand einen Grund, die Heirat auf ewig hinauszuschieben. Es war Frühsommer, und Mark saß am Fenster und schaute aufs Meer hinaus. Die Schwalben flogen tief über die Klippen, und eine von ihnen ließ einen goldenen Faden in seinen Schoß fallen. Mark zog ihn durch die Finger und sah, dass es ein Frauenhaar war. Beim Fest am selben Abend hielt er das lange blonde Haar hoch. „Viele von euch", sagte er, „wollen, dass ich heirate. Aber ich werde nur die Frau heiraten, der dieses Haar gehört. Wer sie findet und nach Cornwall bringt, wird reich belohnt."

„Ich habe Morholt für Euch getötet", sagte Tristan, „und ich werde für Euch eine Gemahlin finden."

Tristan segelte mit seinen Freunden von Tintagel fort, und Manannán schickte einen heftigen Sturm, der sie bei Dublin stranden ließ. Die Männer aus Lothian verkleideten sich als Händler und suchten auf dem Markt nach Hinweisen auf die Besitzerin des Haares. Aber die Leute sprachen nur von einem Feuer speienden Drachen, der das Land ver-

Oben: Krieger kämpft gegen Ungeheuer (Bronzematrize zur Herstellung dekorativer Helmplatten aus Torslunda, Schweden; 8. Jahrhundert n. Chr.). Die teutonischen Krieger im vorwikingischen Schweden verzierten ihre Helme, genau wie ihre keltischen Nachbarn, mit Kampfszenen.

wüstete. Der König hatte dem Mann, der das Ungeheuer tötete, die Hand seiner Tochter Isolde versprochen. Tristan brach auf, um den Drachen zu suchen. Er folgte der versengten Erde bis zu seinem Schlupfwinkel und wartete dort.

Plötzlich verdunkelte ein schwarzer Schatten den Vollmond. Die Luft wurde heiß, als das Ungeheuer näher kam, und Tristan beobachtete im Mondlicht, wie es auf die Höhle zuflog. Der weiße Drache besaß riesige flatternde Flügel und einen langen, spitzen Schwanz. Auf dem Rücken hatte er eine Reihe giftiger Dornen, und seine messerscharfen Zähne funkelten. Tristan stellte sich dem Ungeheuer entgegen, das aufbrüllte und weiße Rauchwolken ausstieß, die Tristan in Nebel hüllten. Er sah nichts mehr, bis das offene Maul des Drachens jäh durch die Wolke stieß. Tristan reagierte schnell. Er stieß seinen Speer in den Schlund, sprang dem Drachen wie ein Lachs auf den Rücken und schnitt ihm die giftige gespaltene Zunge ab. Er steckte sie in seinen Strumpf und machte sich auf den Weg nach Dublin. Doch seine Körperwärme zog das Gift heraus, und er brach vor der Drachenhöhle zusammen.

Der Haushalter des Königs, der Isolde insgeheim begehrte, hatte den Kampf von einem Baum aus beobachtet. Er schlug dem Drachen den Kopf ab, brachte ihn zum König und verlangte seinen Lohn. Isolde schauderte bei dem Gedanken, diesen Mann zu heiraten, denn viele am Hof hielten ihn für einen Lügner und Feigling. Darum ging sie mit ihrer Mutter und ihrer Zofe Brangaine zur Drachenhöhle. Dort fanden sie den bewusstlosen Tristan mit der gespaltenen Zunge in der Hand und trugen ihn zurück zum Hof. Jetzt erkannte Brangaine ihn als Tantris, den Sänger, den sie vor Monaten gepflegt hatte. Aber Tristan verbarg seine wahre Identität auch jetzt.

Es dauerte mehrere Wochen, bevor er sich dank Isoldes Kräutern zu erholen begann. Isolde fühlte sich immer stärker zu diesem Fremden hingezogen, der selbst auf dem Krankenlager so schön Harfe spielte. Es kam ihr sonderbar vor, dass ein Sänger zugleich ein tapferer Kämpfer war, und sie hoffte tief im Herzen, dass er überleben und um ihre Hand anhalten würde.

Der Tag kam, als er sein Bett verließ, und während er badete, säuberte Isolde seine Rüstung. Dabei fiel ihr die Kerbe an seinem Schwert auf, und sie lief in ihre Kammer, um das Bruchstück zu holen, das sie vor nicht allzu langer Zeit aus dem Kopf ihres Onkels entfernt und in Seide gewickelt hatte. Das Stück passte genau in die Kerbe des Schwertes. In diesem Augenblick verwandelte sich Isoldes Liebe in Hass. „Endlich haben die Götter dich zu mir geführt“, sagte sie zu ihm. „Du hast meinen Onkel Morholt erschlagen. Als ich an jenem schicksalhaften Tag merkte, dass meine Kräuter keine Macht über den Tod hatten, schwor ich, mich eines Tages zu rächen.“

„Ich habe Morholt im Zweikampf und für meinen König besiegt“, sagte Tristan. „Es war kein Verrat im Spiel; aber es wäre Verrat, mich zu töten. Zudem müsstet Ihr dann den Haushalter heiraten, der behauptet, er habe den Drachen erschlagen. Ich bin der Einzige, der ihn entlarven kann.“ Isolde stürmte aus der Kammer und konnte in dieser Nacht ebenso wenig schlafen wie Tristan.

Am nächsten Tag versammelte sich der Hof, und der Haushalter berichtete. „Es war keine leichte Aufgabe“, sagte er und hielt den Drachenkopf hoch. „Aber ich wurde nicht verwundet und werde euch vor dem nächsten Ungeheuer ebenso gut beschützen.“

„Das verlogene Ungeheuer bist du!“, schrie Isolde. „Hier ist der Mann, der den Drachen tötete.“ Tristan wurde in den Saal geführt.

„Beweise es!“, fauchte der Haushalter.

„Dieser Feigling hat den Kopf“, sagte Tristan, „aber ich habe die tödliche Zunge. Ich bin Tristan, der Neffe des Königs von Cornwall. Er hat mich nach Dublin geschickt, um die Besitzerin dieses goldenen Haares zu finden, und ich glaube, durch den Sieg über den Drachen habe ich sie gefunden.“ Er hielt die Zunge des Drachens in der einen und das Haar in der anderen Hand. Jeder Mann und jede Frau hielt den Atem an, denn die Zunge war furchterregend und das Haar wunderschön. Alle wandten sich von dem entlarvten Haushalter ab und der Prinzessin zu.

„Dein König soll Isolde als Königin haben“, sagte der irische König. „Möge diese Heirat Frieden zwischen unseren Ländern stiften.“ Am Tag vor der Abreise gab Isoldes Mutter Brangaine einen starken Liebestrank: „Gieße in der Hochzeitsnacht die Hälfte in den Wein des Königs und die andere Hälfte in den Wein meiner Tochter. Dann werden sie gewiss in Liebe verbunden sein.“

Das Schiff verließ den Hafen von Dublin, und Isolde stand am Bug und betrachtete die untergehende Sonne, die ihr Land mit Rot- und Goldtönen übergoss, während es in der Ferne verschwand. Zwei Tage lang peitschten die Sturm-

Links: Gallischer Gefangener (etwa 1. Jahrhundert v. Chr.). Diese römische Bronzeskulptur zeigt einen Kelten als heldenhaften Feind, dessen Hände hinter dem Rücken gefesselt sind. Seit der Hallstattperiode bevorzugten keltische Stammesführer Hosen, während irische Aristokraten, auch Frauen, knielange Tuniken und Mäntel trugen.

Oben: „Tristan und Isolde" (Tempera auf Leinwand von John Duncan, 1912). Im Stil der Präraffaeliten verwendete der Künstler aus Dundee hier eine weiß grundierte Leinwand, um ein Bild der Liebenden zu malen, das wie ein Juwel glänzt. Er wählte den Wendepunkt der Geschichte, an dem die beiden unwissentlich den magischen Liebestrank zu sich nehmen. Dank der keltischen Muster sehen die Kleider und das Holz authentisch aus. Duncan selbst heiratete eine Frau, die in einem Brunnen von Glastonbury einen Kelch gefunden hatte, von dem sie behauptete, er sei Artus' Gral. Er glaubte, wahre und schöne Kunst setze unerwiderte Liebe voraus, ein Hauptthema der Tristansage.

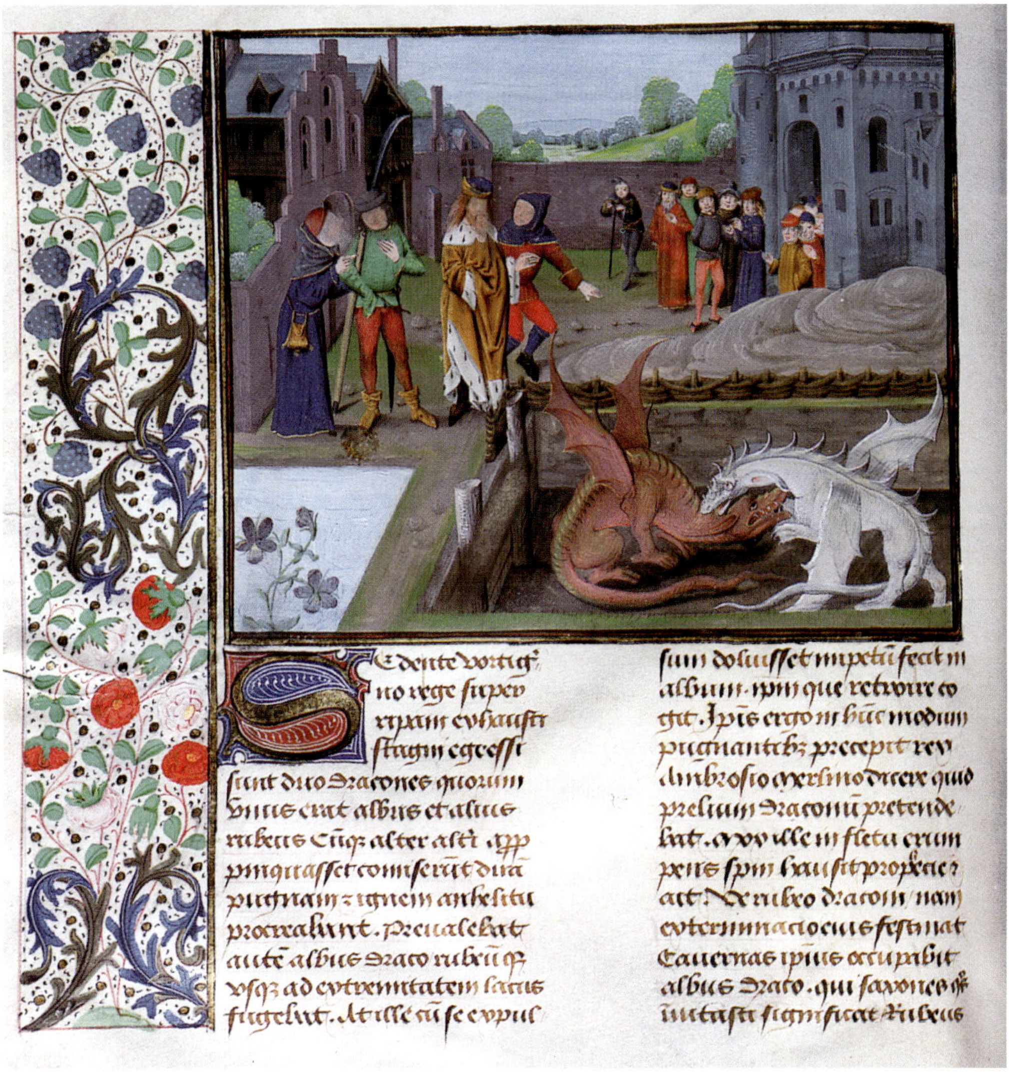

Links: „Kampf der roten und weißen Drachen" (St. Albans Chronik, Lambeth Palace Library, London, England; 15. Jahrhundert). Aus dem historischen walisischen König Vortigern (5. Jahrhundert) war zur Zeit des Geoffrey von Monmouth (12. Jahrhundert) eine halb mythische Gestalt geworden. Geoffrey erzählt eine Volkssage über eine prophetische Vision, in der zwei Drachen kämpften. Auf der hier abgedruckten Illustration deutet Ambrosius, der Merlin der Artussage, die Vision für Vortigern. Der rote Drache, der das keltische Britannien symbolisiert, besiegt den weißen – die eindringenden Sachsen.

wagen des Meeresgottes die Wellen auf. Am dritten Tag legte sich der Wind, und das Schiff fuhr seltsam ruhig. Die Sonne brannte auf Tristan und Isolde hinab, als sie beim Brettspiel saßen, um sich die Zeit zu vertreiben. Isolde wollte immer noch nicht mit Tristan sprechen. Sie befahl Brangaine, ihnen ein Kräutergetränk aus ihrer Reisetruhe zu bringen. Sie tranken, wie es Brauch war, aus derselben Schale, während der Wind wehte, das Segel sich wölbte und die Wellen ihnen salzige Gischt ins Haar bliesen. Ihre Hände berührten sich, als sie einander die Schale reichten, erst schüchtern, dann mit der Leidenschaft, die der Trank in ihnen entfachte – denn die Zofe hatte ihnen versehentlich den Liebestrank gebracht.

Als das Schiff in Tintagel eintraf, war König Mark von Isolde entzückt. Aber es war nicht Isolde, mit der er in der Hochzeitsnacht schlief. Sie war nicht unberührt, und Tristan wusste, dass der König es herausfinden würde. Darum überredete er Brangaine, ins Hochzeitsbett zu schlüpfen, sobald das Licht gelöscht war. So begannen die vielen Täuschungen, die schließlich dazu führten, dass die geheime Liebe zwischen Tristan und Isolde entdeckt wurde; denn die Liebenden konnten nicht voneinander lassen, so sehr sie es auch versuchten. Beide plagte das schlechte Gewissen, denn sie schätzten Mark sehr. Aber sie konnten sich dem Liebestrank drei Jahre lang nicht widersetzen.

Jenen, die immer neidisch auf Tristan gewesen waren, fiel es jetzt leicht, den Argwohn des Königs zu erregen, zumal Tristan und Isolde sogar am Banketttisch miteinander schäkerten. Vor allem Andret, ein Mann, der Isolde insgeheim begehrte, hoffte, dass die Liebenden eines Tages entlarvt würden. Die Gerüchte verdichteten sich, und Mark verbannte Tristan vom Hof. Doch selbst dadurch konnte er Tristan und Isolde nicht trennen. Im Obstgarten vor Tintagels Mauer entsprang eine Quelle, die als Bach in die Burg floss. Dort verbarg Tristan sich auf einem Baum und warf im Sommer Blumen und im Winter Zweige ins Wasser, um Isolde mitzuteilen, dass er auf sie wartete. Andret bat einen Druiden, aus den Sternen zu lesen, ob die beiden einander immer noch trafen. Der Druide sah alles am Nachthimmel: den Garten, die Blumen im Bach und Isolde, die sich aus der Burg schlich.

Eines Tages sagte der Druide voraus, die Liebenden hätten ein Stelldichein für den Abend vereinbart, weil der König den wilden Eber jagen wolle. Andret beschloss, den König früher als erwartet zurückzulocken. Tristan und Isolde trafen sich zwischen den duftenden Blumen des Gartens, während Brangaine wie gewöhnlich auf dem Turm über Isoldes Kammer Wache hielt. Als der erste Schimmer der Dämmerung den Sternenhimmel erhellte, sang Brangaine:

Gott des Lichts, der alles wahr und klar macht,
Sei gnädig und hilf meinen Gefährten,
Die ich zuletzt sah, als es dunkel wurde.
Denn bald wird der Morgen dämmern.

Edle Gefährten, mein Lied ruft nach euch,
Wacht nun auf, denn ich höre Vögel singen,
Und im Dickicht wird es schon hell.
Ich fürchte, der Eifersüchtige kommt,
Und bald wird der Morgen dämmern.

Tristan antwortete:

Holde Gefährtin,
Dieser Platz ist so schön.
Ich wünschte, der Tag käme nie.
Denn die Frau in meinen Armen
Ist die Schönste, die je geboren wurde.
Drum kümm're ich mich nicht
Um den eifernden Narren und den Tag.

Tristans Lied wurde von König Mark und seinen Kriegern unterbrochen, die, von Andret geführt, in den Garten krochen. Die Liebenden wurden gefesselt und sofort verurteilt. Tristan und Isolde sollten auf dem Scheiterhaufen verbrannt werden. Auf ihrem Weg zur Stätte des Todes erhielt Tristan die Erlaubnis, auf einem heiligen Felsen über dem Meer den zornigen Göttern zu opfern, um sie zu versöhnen. „Rette dich!", rief Isolde. „Wenn du lebst, dann lebe auch ich im Tod." Da sprang Tristan ins Meer. Die Klippe war so hoch, dass alle ihn für tot hielten. Nur der Schrei der Möwen war zu hören.

„Ein gutes Opfer für Manannán", sagte Mark, und Isolde wurde zum Scheiterhaufen gebracht. Eine Gruppe kranker Männer, die im Wald bei Tintagel lebten, näherte sich. „Da Königin Isolde ohnehin sterben muss", sagte einer von ihnen, dessen Gesicht von Pockennarben entstellt war, „wollen wir uns vorher mit ihr vergnügen. Ihr Tod wird die Dämonen besänftigen, die euer Land mit Krankheiten strafen." Isolde wurde losgebunden, und die Kranken nahmen sie mit.

Aber Tristan hatte den Sprung ins Meer überlebt und lauerte den Männern auf, die Isolde in den Wald schleppten. Mühelos entriss er sie ihnen, und die beiden lebten viele Monate lang als Rechtlose im Wald. Doch die Wirkung des Liebestrankes ließ nach: Sie hatten einen schönen Traum geteilt und erwachten nun in der rauen Wirklichkeit. Aus ihrer magischen Liebe war eine echte geworden, aber sie empfanden nun auch Mitleid mit König Mark. Tristan beschloss, Cornwall zu verlassen und in die Bretagne zu reisen. Isolde kehrte nach Tintagel zurück und schwor ihrem Gemahl Treue. Bald sah sie von ihrem Turm aus ein kleines Schiff die Küste entlang südwärts segeln, und sie wusste, dass sie Tristan nie wieder lebend sehen würde.

Tristan landete mit seinem Gefährten Gorvenal in der Bretagne, und sie verdingten sich bei König Hoel als Krieger. Da es Tristan nunmehr gleichgültig war, ob er am Leben blieb oder starb, stürzte er sich sogleich in den Kampf gegen einen benachbarten Stamm. Bei der abendlichen Siegesfeier erhob sich der König und verkündete: „Heute habe ich einen neuen Helden gesehen, der in der Schlacht keinerlei Furcht kennt. Zum Lohn dafür biete ich ihm an, meine Tochter Isolde Weißhand zu heiraten." Tristan war jetzt als Trinker ebenso hemmungslos wie als Kämpfer. Er sah Isolde Weißhand an, die rot wie ein Fingerhut im Sumpf wurde und ihn an eine andere Isolde erinnerte. In dieser Nacht schliefen sie zusammen, aber sie liebten sich nicht, denn Tristans Gedanken waren bei einer anderen. Er gab vor, an einer alten Verwundung zu leiden.

Obwohl ihr Gemahl sie verschmähte, blieb Isolde Weißhand duldsam und scherzte sogar darüber mit ihren Zofen. Eines Tages ging sie mit ihrem Bruder Kaherdin auf die Jagd. Sie sprangen über einen Zaun, und Schlamm spritzte auf Isoldes Schenkel. „Ei!", rief sie lachend. „Sogar der Schmutz ist mir inniger zugetan als mein Gemahl." An diesem Abend stellte Kaherdin Tristan zur Rede und erfuhr den wahren Grund für dessen Kälte. Er schwor, Tristan nicht zu verraten, weil dieser versprach, seine frühere Geliebte zu vergessen.

Am nächsten Tag griffen Feinde überraschend Hoels Burg an, und Tristan wurde tödlich verwundet. Isolde Weißhand besaß nicht die magischen Kräuter Isoldes der Schönen. Tristan wusste, dass er ohne Isoldes Hilfe sterben würde. Darum schickte er Gorvenal nach Cornwall: „Sage den Männern, dass ich an einer vergifteten Wunde sterbe und dass nur Königin Isolde mich retten kann. Nimm mein Schiff, und wenn du mit Isolde zurückkehrst, hisse ein weißes Segel; doch wenn sie nicht kommt, dann hisse ein schwarzes Segel." Isolde Weißhand belauschte die beiden und wusste nun, wem Tristans Herz gehörte.

Einige Tage später war Tristan sehr schwach und befand sich auf der Schwelle zur Unterwelt. Auf einmal hörte er die Wachen des Königs rufen, ein Schiff sei in Sicht. „Welche Farbe hat das Segel?", fragte er seine bretonische Frau. – „Es ist schwarz, Herr", antwortete sie. Tristans Herz brach, als Isolde die Schöne und König Mark in sein Zimmer eilten. Isolde stand vor ihrem toten Geliebten, dachte an den Klang seiner Harfe und sang:

Hell und rein scheint die Sonne,
Und lieblich singen die Vögel.
Überall singen sie im Gebüsch,
Und ihre Lieder sind neu.

Mein Tod ist nah, und ich singe
Ein Lied, das allen gefällt
Und Liebende rührt,
Denn ich sterbe aus Liebe.

Tristan, mein Freund,
Ich weihte mein Herz deiner Liebe.

Unten: Bronzestatuette eines Ebers (Hounslow, Middlesex, England; 1. Jahrhundert v. Chr.–1. Jahrhundert n. Chr.). Die Figur wurde zusammen mit anderen Ebern und einem Rad gefunden. Vielleicht handelte es sich um Votivopfer für einen Sonnengott bei einem keltischen Schrein. Wie bei anderen keltischen Ebern sind die Dornen auf dem Rücken auffallend groß.

Das war kein guter Platz,
Denn nun sterb ich durch dein Schwert.

Tristan, mein Freund,
Auch wenn die Götter mir zürnen,
Wird meine Seele bei dir sein,
Im Land der Seligen oder der Toten.

Isolde fiel auf Tristans Schwert und folgte ihm in die Unterwelt. So kehrten die Liebenden tot nach Tintagel und in König Marks Burg zurück. Sie wurden Seite an Seite in zwei Hügeln begraben, und bald wuchsen zwei Bäume auf ihren Gräbern, deren Äste einander umschlangen.

Oben: Blick auf das Festland von Tintagel, Cornwall, England. Der legendäre Geburtsort König Artus' galt in lokalen Sagen auch als Burg von König Mark. Der Name Tintagel bedeutet „Festung der Enge". Er wurde von den keltischen Wörtern *din* (Festung) und *tag* (Hindernis oder Enge) abgeleitet. Eine treffende Beschreibung für die Dramatik, mit der sich Insel und Festland begegnen.

Oben: Goldenes Schiffsmodell (aus Broighter, Grafschaft Derry, Irland; 1. Jahrhundert v. Chr.). Dieses Miniaturschiff samt Bänken, Mast und Rudern war Teil eines Goldschatzes und könnte ein Opfer für einen Wassergott wie den irischen Meeresgott Manannán gewesen sein.

Links: Kopf des keltischen Gottes Coriosolites (Bronzemünze aus der Bretagne, 1. Jahrhundert v. Chr.). Die Kelten übernahmen die Münzprägung von den Griechen und Römern. Lokale Könige setzten ihr Bild auf die Vorderseite der Münzen und Symbole ihrer Herrschaft und Macht auf die Rückseite, zum Beispiel Ähren oder Pferde. Auf dieser gallischen Münze ist ein lokaler Gott mit modischer keltischer Frisur abgebildet. An seinem Haar hängt eine Kette mit einem abgetrennten Kopf. Diodor erwähnte den keltischen Brauch, als Beweis für Tapferkeit Köpfe aus einer Schlacht mitzubringen.

KAPITEL NEUN

Volkssagen und Lieder aus der keltischen Welt

Cornwall

Cornwall war bis zur Invasion der Sachsen eine römisch-keltische Festung und der Ursprung vieler Artussagen, unter anderem der Sage von Tristan und Isolde. Bis vor Kurzem galt der Fluss Tamar den Menschen in Cornwall als kulturelle Grenze zwischen dem Kornischen und dem Englischen. Die kornische Sprache war mit der bretonischen verwandt, starb aber im 19. Jahrhundert aus. Kornische Folksänger wie Brenda Wooton haben die poetische Sprache jedoch am Leben erhalten, und es gibt Bemühungen, sie wiederzubeleben. Dieses Gedicht erschien im 17. Jahrhundert in kornischer Sprache. Es geht auf ein älteres englisches Volkslied zurück. Erdbeerwasser war ein beliebtes Tonikum für die Haut. Die schlagfertigen Antworten des Mädchens setzen die Tradition der stolzen Frauen aus den keltischen Mythen fort.

„Wohin gehst du, hübsche Maid", fragte er,
„mit Locken wie Flachs und blassem Gesicht?"
„Ich geh zur Quelle, mein Herr", sagte sie.
„Mit Erdbeerblättern fürcht ich mich nicht."

„Nimm mich mit, hübsche Maid", sagte er,
„mit Locken wie Flachs und blassem Gesicht."
„Ganz wie Ihr wollt, mein Herr", sagte sie.
„Mit Erdbeerblättern fürcht ich mich nicht."

„Nimm an, ich leg dich ins Gras, hübsche Maid
mit Locken wie Flachs und blassem Gesicht."
„Ich steh wieder auf, mein Herr", sagte sie.
„Mit Erdbeerblättern fürcht ich mich nicht."

„Und wenn du ein Kind kriegst, hübsche Maid
mit Locken wie Flachs und blassem Gesicht?"
„Dann trag ich es aus, mein Herr", sagte sie.
„Mit Erdbeerblättern fürcht ich mich nicht."

„Welcher Mann hält dein Kind, hübsche Maid
mit Locken wie Flachs und blassem Gesicht?"
„Ihr seid sein Vater, mein Herr", sagte sie.
„Mit Erdbeerblättern fürcht ich mich nicht."

„Was wird dein Kind kleiden, hübsche Maid
mit Locken wie Flachs und blassem Gesicht?"
„Seines Vaters Gewand, mein Herr", sagte sie.
„Mit Erdbeerblättern fürcht ich mich nicht."

Gegenüber: Restaurantschild in Alderley Edge, Cheshire, England. Die Sage erzählt von einem Bauern, der auf dem Markt eine weiße Stute verkaufen will. Unterwegs macht ihm ein seltsam gekleideter Mann ein Angebot; aber der Bauer lehnt ab, weil er sich einen besseren Preis erhofft. Zu seiner Überraschung kauft niemand das Pferd; doch auf dem Heimweg erscheint der Zauberer wieder, und diesmal nimmt der Bauer sein Angebot an. Der Zauberer nimmt ihn mit in den Hügel und zeigt ihm die schlafenden Ritter. Einem von ihnen fehlt ein Pferd. Der Bauer bekommt magische Juwelen als Zahlung. Alan Garner hat die Geschichte in *Der Zauberstein von Brisingamen* nacherzählt.

Oben: Alderley Edge, Cheshire, England. Artussagen gibt es fast überall im keltischen Britannien. Bei Alderley Edge erzählen lokale Sagen von einem König und seinen Kriegern, die in einer Höhle unter dem Hügel schlafen. Eines Tages werden sie erwachen und das Land gegen Feinde verteidigen. Solche Sagen gibt es auch andernorts in Britannien und Europa, und sie werden oft mit Artus in Verbindung gebracht. Der Berg von Alderley Edge erlaubt einen Blick auf die Ebene von Cheshire, wo kürzlich bei Lindow Moss der gut erhaltene Körper eines ermordeten oder geopferten Kelten im Moor gefunden wurde.

Isle of Man

Die Lage der Insel im Irischen Meer zwischen Irland und Schottland hat ihr einen Platz in der keltischen Mythologie und Überlieferung gesichert. Vielleicht galt sie als eine der „Inseln der Seligen", so wie die Insel Arran, wo der archaische irische Meeresgott Manannán (ein weiterer Sohn von Lir) herrschte. Die Sprache der Isle of Man, die mit dem Schottisch-Gälischen nah verwandt ist, galt in den Fünfzigerjahren als ausgestorben; doch neuerdings gibt es Versuche, sie wiederzubeleben. Ein mündlich überliefertes Recht, das möglicherweise druidische Praktiken widerspiegelt, ging bis vor Kurzem dem geschriebenen Recht vor. In der nachkeltischen Zeit besetzten Wikinger die Insel, bis im 13. Jahrhundert die schottische Herrschaft begann.

Das folgende Volkslied hat zwar deutlich christliche Züge, aber seine Themen – Liebesschwüre, Verwünschungen und Naturgewalten – sind der keltischen Mythologie entnommen.

Ich traf meine Geliebte beim Weihnachtsschmaus. Beim Spiel der Geige umwarb ich sie.

Sieben Jahre trafen und liebten wir uns, und ihre untreue Zunge schwor, mich nie zu verlassen.

Am Sonntag vor Aschermittwoch besuchte sie mich, legte ihre Hände auf meine und schwor, sie wolle nur mich.

Ich ging glücklich nach Hause, überall sah ich Rosen; doch am Mittwoch erfuhr ich: Sie war eines anderen Frau.

Sie spielte so lange mit mir – nun verfluche ich sie. Sie empfand keine Liebe – warum sagte sie nichts?

Doch ich spreche nicht schlecht über sie, wünsch ihr nichts Böses. Mach ihn froh, deinen neuen Geliebten! Mich machte die Liebe zum Narren.

Nur ein Walnussbaum wusste von uns. Er kann nicht für mich sprechen, aber er weiß, ihre Liebe war falsch.

Am St.-Patrick's-Tag werd ich zum Jahrmarkt gehn im Gewand meiner Jugend. Neben ihr werd ich stehn und so tun, als säh ich sie nicht.

Das beste aller Mädchen werd ich wählen, aber sie hat verspielt, mit ihrem falschen neuen Gatten.

Ich ging den langen, gewundenen Weg, und bald war ich müde. Doch bei jeder Rast dacht ich an sie.

Ich wünschte, der Wind brächte mir Kunde von meiner Liebsten. Ich wünschte, sie käme über die Hügel bis hinunter zum Strand und zu mir.

Wie glücklich liefe ich zum Strand, wenn sie käme! Wie gern wär meine Hand ein Kissen für ihr Haar!

Ich wünschte, das Meer trocknete aus, dann liefe ich fort. Doch meine Liebste vergesse ich nie – eher wird Grönlands Schnee rot wie die Rose.

Oben und gegenüber: Madron Well, Cornwall, England. Die Kelten verehrten Quellen wegen ihrer magischen Kräfte. Die Menschen besuchten noch in der christlichen Ära viele dieser Brunnen und weihten sie oft einem Heiligen. In Madron befand sich auch eine Taufkapelle. Kranke trinken das Wasser heute noch und hängen Votivbänder an die Bäume.

Bretagne

Im 5. Jahrhundert flohen mehrere adlige walisische Familien vor den sächsischen Invasoren nach Frankreich. Ihre neue Heimat wurde später „Kleinbritannien“ oder Bretagne genannt. Die Bretonen brachten ihre keltische Sprache und Mythologie mit, aber viele Geschichten gingen verloren, weil es verboten war, bretonisch zu sprechen. Nur Volkssagen und Lieder in bretonischer Sprache blieben erhalten. Neuerdings gibt es Bemühungen, sie wiederzubeleben, angeführt von dem bretonischen Sänger und Harfenisten Alan Stivell.

Die folgende traditionelle Ballade enthält eine Anspielung auf die Jungfrau Maria, aber das Meer als Schauplatz für wundersame Geschichten, in die Frauen verwickelt sind, ist ein typisch keltisches Thema. Das Lied gehörte zum Repertoire von Janet ar Gall von Kerarborn und wurde 1849 aufgezeichnet.

Die Engländer kamen am ersten November. Sie ergriffen ein hübsches Mädchen in Dourduff und brachten es auf ihr Schiff.
Ihr Name war Marivonnik, und sie kam aus Plougasnou.
Als man sie mitnahm, rief sie an der Tür des Vaterhauses:
„Lebt wohl, liebe Eltern, denn ich seh euch nie wieder.
Lebt wohl, liebe Geschwister, hier auf Erden sehn wir uns nie mehr.
Lebt wohl, Verwandte und Freunde, denn ich seh eure Welt nie wieder.“
Die junge Marivonnik weinte, und niemand tröstete sie.
Niemand tröstete sie, außer dem großen Engländer. Der tröstete sie.
„Weine nicht, meine Marivonnik, du bist nicht in Gefahr. Aber deine Ehre kann ich nicht retten.“
„Herr Engländer, meine Ehre bedeutet mir mehr als alle Eure Schiffe. Doch sagt mir: An wen werde ich meine Ehre verlieren?“
„An mich und meinen Schiffsjungen und an die Matrosen, wenn sie dich wollen, hundert Matrosen und einer.“
„Dann sagt mir, Herr Engländer, ob ich mit Euch auf die Brücke gehen darf.“
„Du darfst auf die Brücke gehen, aber pass auf, dass du nicht ertrinkst.“
Marivonnik weinte, als sie aufs Deck ging:
„Hilf mir, Jungfrau Maria! Soll ich allem ein Ende machen und ertrinken? Ich tu es für dich, liebe Maria, sei mir nicht gram.
Wenn ich ins Meer falle, ertrinke ich; wenn ich bleibe, wird man mich töten.“
Die Jungfrau Maria führte Marivonnik, und sie tauchte ins Meer. Ein kleiner Fisch brachte sie wieder nach oben.
Der große Engländer rief seinen Matrosen zu: „Rettet sie, und fünfhundert Kronen gehören euch!“
Später am Tag sagte er dann: „Das hättest du nicht tun sollen, Marivonnik, denn ich hatte vor, dich zu freien.“

Wales

Die walisische Sprache hat in der Schule und im Rundfunk überlebt, aber es bleibt abzuwarten, ob sie sich gegen die englischen und amerikanischen Massenmedien durchsetzen kann. Das *Mabinogion* und die Artusmythen sind in den Volkssagen und in der Literatur erhalten geblieben. Die folgende Geschichte stammt aus dem *Itinerarium Cambriae,* das der Priester Giraldus Cambrensis im 12. Jahrhundert schrieb. In dieser christianisierten Fassung will Elidor Mönch werden, dann aber flieht er vor seinen strengen Lehrern. Die christlichen Elemente wurden getilgt. Der moderne englische Autor Alan Garner verlegt die Geschichte nach Manchester, und Elidor flieht vor der Verkommenheit der Stadt.

Der Besuch in der Feenwelt ist eines der häufigsten Themen in der keltischen Mythologie. Solche Mythen lieferten den Kelten zudem eine „Erklärung" für die großen Grabhügel der älteren Kultur der Bronzezeit. Die „gelbe Kugel" ist in anderen Versionen eine Feenblume – alle warnen davor, etwas in die Welt der Sterblichen mitzunehmen.

Elidor war ein junger Bursche, der das Leben satt hatte. Eines Tages drehte er sich auf dem Weg zur Schule um und ging in den Wald. Wie im Traum wanderte er am Fluss entlang und stand bald am Eingang einer Höhle. Zwei kleine Leute liefen heraus und sagten: „Komm doch herein und feiere mit uns. Wir sind fröhlicher als ihr!"

Elidor überlegte nicht lange und folgte ihnen in die Höhle. Sie gingen durch einen dunklen Tunnel, der immer enger und niedriger wurde, bis er auf allen vieren kriechen musste. Kurz bevor er in Panik geriet, öffnete sich der Tunnel, und Elidor betrat eine Welt, wie er sie bisher nur in Träumen gesehen hatte. Es war eine idyllische Landschaft mit blühenden Wiesen, die zu gemächlich fließenden Flüssen führten. Aber etwas stimmte nicht. Elidor schaute nach oben und sah, dass über dieser Welt ein Nebel hing, der weder Sonne, Mond oder Sterne durchließ – trotzdem war es hell.

Unten: Snowdonia. Das Hochland im Nordwesten von Wales erwies sich für Römer und englische Invasoren als schwieriges Hindernis. Viele walisische Mythen spielen in der Region mit ihrem spektakulären Hintergrund aus Seen, Bächen und Bergen.

Oben: „Fee oder Síde in einer Landschaft" (Öl auf Holz von George William Russell, 1867–1935). Das Schauspiel *Deirdre* des irischen Künstlers wurde 1902 in Dublin aufgeführt. Am bekanntesten sind seine Werke, die auf der keltischen Mythologie basieren. Als Maler konzentrierte er sich auf bestimmte Themen. Zwischen 1900 und 1905 schuf er eine Reihe von Landschaftsbildern mit keltischen Feen.

Elidor wurde zum König geführt, der ihn fragte, wer er sei und woher er komme. Elidors Antworten verwirrten den König. Er schickte ihn mit einer Geste fort und sagte: „Du bleibst als Spielgefährte für meinen Sohn hier." An diesem Nachmittag – falls es Nachmittag war – schaute Elidor den kleinen Leuten beim Spiel zu. Sie waren wohlgestaltet, und die meisten hatten langes blondes Haar. Obwohl sie auf Pferden ritten, die so groß wie Windhunde waren, jagten sie nicht; denn sie aßen kein Fleisch, sondern mit Safran gewürzte Milch. Über Elidors gewalttätiges und heimtückisches Volk machten sie sich lustig; dennoch hatten sie keine Religion.

Elidor bekam Heimweh, und der König erlaubte ihm, seine Mutter zu besuchen, jedoch unter der Bedingung, dass er zurückkehrte. Die kleinen Leute führten ihn in den engen Tunnel, der breiter und höher wurde, bis sie die Höhle am Fluss erreichten. Dort ließ Elidor seine winzigen Gefährten zurück und ging zum Haus seiner Mutter. Sie fragte ihn, wo er gewesen sei, und bat ihn, bei ihr zu bleiben, aber er erzählte ihr, was er dem König versprochen hatte. Fortan lebte er teils in seiner Welt, teils im Land des kleinen Volkes.

Eines Tages erzählte er seiner Mutter von den strahlend gelben Kugeln, mit denen sie in der anderen Welt spielten. Sie bat ihn, ihr eine mitzubringen, denn sie war arm und dachte, die Kugeln seien aus Gold. Als Elidor wieder einmal mit den kleinen Leuten spielte, nahm er eine Kugel und lief mit ihr durch den Tunnel und die Höhle zu seiner Mutter. Doch kaum hatte er das Haus betreten, brachte ihn ein kleiner Fuß zum Stolpern, und er ließ die Kugel fallen. Er konnte gerade noch zwei zornige kleine Leute sehen, die mit der Kugel fortrannten.

Am folgenden Tag wollte er zur Höhle zurückgehen – aber er fand sie nicht mehr. Viele Jahre später spazierte er mit seinen Kindern am Fluss entlang und erzählte ihnen immer wieder die Geschichte vom kleinen Volk.

Schottland

Die ursprünglich keltischen Bewohner Schottlands nördlich der Flüsse Forth und Clyde wurden im 4. Jahrhundert Pikten – „Bemalte" – genannt. Sie erhielten diesen Spitznamen wohl von den römischen Soldaten, die den Hadrianswall bewachten. Archäologen fanden Tätowierungen an erhaltenen keltischen Leichnamen, und antike Autoren berichteten

Oben: Trinkender Reiter (piktischer Stein aus Invergowrie bei Dundee, Schottland; etwa 9. Jahrhundert n. Chr.). Die keltischen Pikten stammten wahrscheinlich von den kaledonischen Stämmen ab, die gegen die römischen Invasoren kämpften. Zusammen mit den eindringenden irischen „Scotti" stießen sie im 4. und 5. Jahrhundert n. Chr. ins römische Gebiet Nordbritanniens vor. Das piktische Königreich beherrschte zwischen dem 6. und 9. Jahrhundert Nordbritannien. Dann vereinigte es sich mit den Scotti, und Schottland war geboren. Pferde waren bei allen keltischen Völkern Statussymbole. Hier trinkt der Reiter aus einem Horn mit einem Adlerkopf.

ebenfalls von der Körperbemalung der Pikten. Die Schotten – „Irländer" – kamen aus dem Königreich Dalriada im irischen Antrim nach Argyll und brachten ihre irisch-gälische Sprache mit. Im 9. Jahrhundert übernahmen die Schotten die piktischen Gebiete, und ihre gälische Sprache hat in Teilen des Hochlandes und der Hebriden bis heute überlebt. Schottland kommt in vielen irischen Mythen vor, und die erhaltenen schottischen Volkssagen und lokalen Sagen stammen hauptsächlich aus der späteren gälischen Überlieferung. Die folgende Sage blickt auf die alte Zeit zurück.

Zuweilen sagt man, die Pikten hätten das Geheimnis des Bierbrauens aus Heidekraut gekannt. Viele Jahrhunderte lang reichten die Väter das Rezept an die Söhne weiter, aber es ging verloren, als die Schotten im 9. Jahrhundert ins piktische Königreich eindrangen. Die Schotten liebten dieses Bier, das sie von den Pikten kauften, und sie wollten unbedingt das Rezept haben. Die Familie, die es hütete, lebte ganz im Westen des piktischen Königreichs im Vorgebirge von Galloway. Eines Tages wurden Vater und Sohn in einer Schlacht gefangen genommen und aufs offene Moor hoch über dem Meer gebracht, wo das purpurrote Heidekraut überall wuchs. Die Schotten verlangten das Rezept; sie bedrohten und folterten den alten Mann und seinen Sohn, bis beide dem Tod nahe waren.

Die Möwen kreischten, als es dämmerte. Schließlich sagte der alte Mann: „Ich verrate euch, was ihr wissen wollt. Aber nur, wenn ihr zuerst meinen Sohn tötet, damit er nicht miterleben muss, wie sein Vater unserem Volk Schande bereitet." Die erschöpften Schotten stießen Siegesschreie aus und erschlugen den Knaben mit dem Schwert. „Nun verrate uns das Rezept", sagten sie.

„Ha!", rief der Mann. „Glaubt ihr wirklich, ich würde einem Schotten das Geheimnis verraten? Mein Sohn hätte es getan, denn er hatte noch viele Jahre zu leben und hätte seine wunderschöne Welt voller Möwen, hoher Klippen und schäumender Wogen nicht so leicht aufgegeben. Darum musste er sterben – und das Geheimnis stirbt mit ihm, denn von mir bekommt ihr es nicht!"

Der Anführer der Schotten tobte vor Wut. „Werft ihn von der höchsten Klippe!", schrie er. „Sein Leib soll auf den spitzen Felsen dort unten zerschmettert werden. Mögen die Möwen ihn ewig mit ihren salzigen Tränen betrauern."

So starb der alte Mann, und nun teilt er das Geheimnis des Heidekrautbieres mit dem Meer.

Irland

Aus historischen Gründen ist die keltische Tradition in Irland besser erhalten geblieben als in anderen keltischen Gebieten. Das moderne Irisch-Gälische ist eng mit der alten keltischen Sprache verwandt und wird heute noch im Südwesten gesprochen. In Irland wurde es 1921 zur Landessprache erhoben. Viele keltische Mythen und Sagen sind auf Irisch überliefert, und die Tradition der irischen Volkssagen ist ebenso lebendig. Die folgende traditionelle Ballade haben junge irische Männer und Frauen in den Vierzigerjahren des

Oben: Christy Moore. Der irische Sänger und Komponist setzt die Tradition der keltischen Barden fort und heroisiert die modernen Freiheitskämpfer in Irland und Mittelamerika. Er singt sowohl mit der irischen Folkgruppe Planxty als auch mit den Moving Hearts. Hier spielt er die irische Bodhran, eine Trommel, die in der Hand gehalten wird.

19. Jahrhunderts gesungen, als sie vor der Hungersnot massenweise nach Amerika auswanderten. Dieses recht moderne Lied ist den mythischen Helden Irlands gewidmet. Die irische Band Planxty hat es 1983 neu aufgenommen.

Ihr tapferen Helden, wo immer ihr seid,
Bitte gönnt mir ein wenig von eurer Zeit.
Eure Söhne und Töchter verlassen euch jetzt,
Viele Tausend haben die Segel gesetzt.

Wünscht Glück diesen Leuten am fremden Ort,
Sie verlieren die Heimat, die Not treibt sie fort.
Sie verlassen grün Irland, ihr Ziel ist so weit,
Sie segeln nach Westen, für Amerika bereit.

Am Abend davor brennt der Abschiedsschmerz,
Und früh am Morgen seufzt dann ihr Herz.
Sie küssen die Mutter, ihr Antlitz ist fahl:
„Leb wohl, lieber Vater, uns bleibt keine Wahl."

Freunde und Nachbarn teilen ihr Leid,
Gepackt sind die Koffer, sie sind bereit.
O seht ihre Tränen, es sind mehr als genug,
Und die Pferde tänzeln auf dem Weg zum Zug.

Wünscht Glück diesen Leuten am fremden Ort,
Sie verlieren die Heimat, die Not treibt sie fort.
Sie verlassen grün Irland, ihr Ziel ist so weit,
Sie segeln nach Westen, für Amerika bereit.

Dann hört ihr am Bahnhof ihren letzten Schrei,
Sie rufen und winken – dann ist's vorbei.
Ihr Herz wird brechen, wenn die Küste entweicht:
„Leb wohl, liebes Irland – für immer, vielleicht!"

Ich traure um Mütter, die Kinder umhegen.
Muss die Plage der Väter nicht Mitleid erregen?
Sie arbeiten rastlos den Kindern zum Lohn;
Dann sind sie alt, ohne Tochter und Sohn.

Wünscht Glück diesen Leuten am fremden Ort,
Sie verlieren die Heimat, die Not treibt sie fort.
Sie verlassen grün Irland, ihr Ziel ist so weit,
Sie segeln nach Westen, für Amerika bereit.

England

Obwohl England seit der Römerzeit mehrere Invasionen erlebt hat, sind die keltische Vergangenheit und die brythonische Sprache nicht vergessen. Es gibt eine Menge heidnisch-keltischer Volksbräuche, von der Kornpuppe bis hin zum britischen Moriskentanz. Lokale Artussagen konnten ihren nichtchristlichen Charakter bewahren, und viele Volkslieder haben wohl einen heidnisch-keltischen Ursprung.

Das „anspruchsvolle" Thema der folgenden Ballade lässt darauf schließen, dass sie für den Hof bestimmt war, doch die Umgangssprache zeigt, dass sie zu einem späteren Zeitpunkt zum Volkslied wurde. Die Barden waren Wanderer, die ihre Lieder oft vor Reichen und Armen sangen. Dieses Lied enthält typisch keltische Elemente: die Frau vom anderen Meeresufer und die schwierige kulturelle Anpassung. Den Zauberspruch, der eine königliche Geburt

Oben: Kornpuppenverkäufer in Lyme Regis, Dorset, England. Den Kelten war die Landwirtschaft sehr wichtig, und viele Opfer sollten die Fruchtbarkeit des Landes gewährleisten. Bis vor Kurzem wurden die letzten Getreidegarben während der Ernte zu Figuren geflochten, die den Geist des Getreides enthielten. Dieses Ritual ist längst ausgestorben, aber die Püppchen sind immer noch Teil der Handwerkskunst, und viele halten sie für Glücksbringer. Dieser Handwerker bietet verschiedene heidnische und christliche Figuren an, darunter Hufeisen und Kreuze.

verhindert, finden wir auch im griechischen Heraklesmythos. Auch dort verzögert eine eifersüchtige, wenngleich göttliche Ehefrau die Geburt des sterblichen Sohnes ihres Gatten, sodass ein anderer Prinz zuerst geboren wird und daher den Thron besteigt. Was wir heute „Hexerei" nennen würden, war damals ein heidnisch-keltischer Brauch, den das Christentum unterdrückte. Die komplizierten magischen Knoten erinnern an die verschlungenen Formen der keltischen Kunst. Die Wiederholungen sind auf die mündliche Überlieferung zurückzuführen, aber sie verstärken auch den rituellen Charakter des Liedes.

Martin Carthy, einer der Ersten, die englische Volkslieder wiederentdeckten, hat diese Ballade aufgenommen, und zwar nach der Melodie des traditionellen bretonischen Trinkliedes Son ar Chistr (Apfelweinlied), das seinerseits von Alan Stivell aufgenommen wurde. Die Melodie komponierte offenbar ein bretonischer Dudelsackspieler im Jahr 1930 – er lebte später als Clochard in Paris. Vermutlich mussten auch die keltischen Barden mit Plagiaten und Schicksalsschlägen leben.

Oben: Martin Carthy. Der englische Solosänger und Gitarrist tritt auch zusammen mit den Watersons, mit Dave Swarbrick und John Kirkpatrick auf. Diese Künstler gehörten zu den Ersten, die sich um eine Wiederbelebung sowohl des englischen Volksliedes als auch Volkstanzes bemühten. Carthy sucht seine Texte in keltischen Mythen und in der britischen Geschichte, aber auch in Gedichten von Leon Rosselson, zum Beispiel über den Krieg gegen Argentinien um die Falklandinseln.

König Willy über die Wellen ritt,
Er freite ein Weib und nahm sie mit.
Er liebte ihr langes goldenes Haar,
Das seiner Mutter ein Gräuel war.
Verzaubert hat sie des Sohnes Weib:
„Lang bleibe dein Sohn in deinem Leib,
doch gebären sollst du ihn nie."
Des Königs Weib vor Schmerzen schrie,
und neben ihr der König stand,
Tränen tropften auf seine Hand.

König Willy eilte zur Mutter hin,
Nach Bitten und Betteln stand ihm der Sinn.
„Meine Liebste hat ein edles Pferd,
Von heißem Blut, von hohem Wert,
Und denke nur, an diesem Ross
Hängen silberne Glocken, schön und groß,
Hängen silberne Glocken, schön und groß.
Das herrliche Pferd ist heute noch dein,
Wenn mein Weib gebiert ihr Söhnelein."

„Ach, mein Sohn, das wird nie geschehn,
Nie wirst du sie ohne Leiden sehn.
Bald wird sie tot und vermodert sein,
Und du wirst eine andere frein."
König Willy seufzte, der arme Mann,
Sein Leben mutete ihn sinnlos an.

König Willy eilte zur Mutter hin,
Nach Bitten und Betteln stand ihm der Sinn.
„Meine Liebste hat einen Gürtel aus Gold,
besetzt mit Juwelen, drum sei ihr hold,
Denn an diesem Gürtel zierlich und klein
Hängen fünfzig Glocken, groß und fein,
Hängen silberne Glocken, groß und fein.
Das herrliche Stück ist heute noch dein,
Wenn mein Weib gebiert ihr Söhnelein."

Rechts: Der „Schwörstein“ (Friedhof von Castledermot, Grafschaft Kildare, Irland). Die keltische Vergangenheit ist im Volksgedächtnis erhalten geblieben. Vorgeschichtliche, aufrecht stehende Steine wurden wahrscheinlich bei heidnischen Heilungs- und Fruchtbarkeitsriten benutzt. Das würde erklären, warum die Christen ihnen Namen wie „Teufelspfeile“ gaben. Dennoch überlebte der ursprüngliche heilige Zweck: Dieser Stein wird heute noch benutzt, um Gelübde abzulegen.

Oben: „Der Grüne Mann", Säulenkapitell an einer Tür der Kirche St. Maria und St. David, Kilpeck bei Hereford, England (12. Jahrhundert). Der heidnische Fruchtbarkeitsgott sollte in vielen christlichen Kirchen des Mittelalters den „bösen Blick" abwehren. Seine starren Augen und die Ranken, die ihm aus dem Mund wachsen, folgen der stilistischen Tradition der keltischen Kunst.

„Ach, mein Sohn, das wird nie geschehn,
Nie wirst du sie ohne Leiden sehn.
Bald wird sie tot und vermodert sein,
Und du wirst eine andere frein."
König Willy seufzte, der arme Mann,
Sein Leben mutete ihn sinnlos an.

Da hob sein Weib zu sprechen an,
Erzählte ihm von ihrem Plan:
„Hol Wachs und form daraus ein Kind
Mit gläsernen Augen, tu's geschwind!
Die Mutter lade zur Taufe ein,
Dort belausche sie – so soll es sein."

König Willy lief zum Markt im Nu,
Kauft' ein Stück Wachs und noch eins dazu,
Und formt' daraus ein niedlich Kind
Mit gläsernen Augen, ganz geschwind.
Die Mutter lud er zur Taufe ein
Und belauschte sie; sein Gehör war fein.
Sie spie dem Kleinen ins Gesicht:
„Sie hat ihn geboren – das durfte sie nicht!"

„Wer löste die Hexenknoten fürwahr,
Die ich flocht und webte in der Königin Haar?
Wer hat sie vom giftigen Kamm befreit,
Den ich ihr gab vor kurzer Zeit?
Und wer schlug den bösen Kobold tot?
Er schlief unterm Bett, wie ich es gebot.
Er schlief unterm Bett, wie ich es gebot.
Wer hat wohl den linken Schuh aufgeschnürt
Und den rechten Schuh drei Male berührt?"

König Willy löste die Knoten fürwahr,
Die Hexenknoten in der Königin Haar.
Er hat sie vom giftigen Kamm befreit,
Den die Hexe ihr gab vor einiger Zeit.
Er schlug auch den bösen Kobold tot,
Der unterm Bett schlief nach der Hexe Gebot.
Er hat den linken Schuh aufgeschnürt
Und den rechten Schuh drei Male berührt.
Jetzt gebar sie den Königssohn,
Dies war ihr Segen, ihr köstlicher Lohn.
Dies war ihr Segen, ihr köstlicher Lohn.

Gegenüber: In den keltischen Gebieten Irlands und Großbritanniens wurden ab dem frühen 7. Jahrhundert zahlreiche frei stehende Kreuze aufgestellt. Einige dieser Kreuze tragen Runeninschriften. Beispiele für derartige Kreuze haben sich in England (bekannt ist das Kreuz von Saint Piran in Perranporth), Wales, auf den Hebriden und in Irland erhalten. Dieses Kreuz befindet sich auf der Insel Iona vor der Westküste Schottlands.

Register

Bildnachweis

o = oben; u = unten; l = links; r = rechts; m = Mitte

Besonderen Dank schulde ich Gwen für ihre Gastfreundschaft, Tony für seine Archäologie, Christina für ihre Bilder, Joan für ihre Iseult, Planxty für ihre Musik und Alan Lee für seine Gemälde.

Autor und Verlag danken folgenden Personen und Institutionen für die Erlaubnis, ihre Bilder in diesem Buch abzudrucken:
Bath Museum: Seite 10 (photo.Fotek), 11 l, 11 r (photo.Fotek). © David Bellingham: Seite 16, 18, 28, 44 u, 46, 47, 57, 69, 77, 81 u, 101 r, 109, 112, 113, 117, 122 o, 124. Birmingham Museum and Art Gallery: Seite 86, 90. Bodleian Library, Oxford: Seite 84. Musée Calvet, Avignon: Seite 68. City Art Centre, Edinburgh: Seite 106. Claddagh Records Ltd/photo.Janet Williamson: Seite 49 l. Commissioners of Public Works, Ireland: Seite 42. C M Dixon, Canterbury: Seite 7 r, 9 l (British Museum, London), 9 r, 17 (The Museum of Antiquities, Newcastle-upon-Tyne University), 19 l (Naturhistorisches Museum, Wien), 20 (Magyar Nemzeti Muzeum, Budapest), 21 (Nationalmuseet, Kopenhagen), 23 l (Nationalmuseet, Kopenhagen), 24 o, 24 u (Nationalmuseet, Kopenhagen), 25, 26 ol (British Museum, London), 26 ul, 26 r, 27 (British Museum, London), 32 l (Cluny, Paris), 32 r, 33, 34, 35–36 (British Museum, London), 39, 41, 43 (Württembergisches Landesmuseum, Stuttgart), 44 o (British Museum, London), 49 r (Victoria and Albert Museum, London), 52 (Prähistorische Staatssammlung, München), 53 o (The Museum of Antiquities, Newcastle-upon-Tyne University), 53 u (British Museum, London), 54 (British Museum, London), 55 (Netherhall Collection), 56, 59 o (Museum Bukarest, Rumänien), 59 u (The Museum of Antiquities, Newcastle-upon-Tyne University), 60 (Nationalmuseet, Kopenhagen), 61 (British Museum, London), 63, 65 (British Museum, London), 66 (Vikingskiphuset, Bygdøy, Oslo), 67 (Nationalmuseet, Kopenhagen), 71 (Nationalmuseum für Altertümer, Bukarest), 78 l (Nationalmuseet, Kopenhagen), 78 r (British Museum, London), 79 (Nationalmuseet, Kopenhagen), 80, 82 (National Museum of Wales), 83 (Nationalmuseum von Irland, Dublin), 92, 94 (Magyar Nemzeti Muzeum, Budapest), 95 (Historiska museet, Stockholm), 96 o (Corbridge Museum, Northumberland), 96 m, 96 u (Musée Borély, Marseille), 100 l, 103 (Historiska museet, Stockholm), 105 (British Museum, London), 108 (British Museum, London), 119 (National Museum of Antiquities, Edinburgh), 123. Dundee Art Galleries and Museums: Seite 29, 45. General Post Office, Dublin: Seite 23 r. Glasgow Art Gallery and Museum: Seite 37. © C Grande: Seite 102, 115, 120. Hayling Island Excavation Project/photo.G Soffe: Seite 72 o. Humberside County Council Archeology Unit: Seite 19 r. istockphoto.com/Anglocentricity: Seite 57. istockphoto.com/CliveGordon: Seite 110. istockphoto.com/texasmary: Seite 28. © Tony King: Seite 7 l, 8 r, 72 u, 73 o, 73 u, 74–75, 110. Lambeth Palace Library/MS 6, f.43 v, © 198 1 LPL/photo.Mike Gunn: Seite 107. © Alan Lee: Seite 64, 81 o, 93. Peter Nahum Ltd: Seite 87. The National Gallery of Ireland: Seite 12, 118. The National Museum of Ireland: Seite 111. National Galleries of Scotland, Edinburgh: Seite 15, 38, 97. © Quintet Publishing Ltd/photo.Trevor Wood: Seite 31, 51. Skyscan Balloon Photography Copyright: Seite 6, 22, 62, 100 r. Topic Records/photo.Dave Peabody: Seite 122 u. Trinity College Library, Dublin: Seite 48. © Sheree Wilson: Seite 101.